Paciencia y perseverancia

La esperanza camina a pie

Giuseppe Di Stefano

Paciencia y perseverancia

La esperanza camina a pie

Paulinas

Las citas bíblicas están tomadas de La Santa Biblia de la editorial San Pablo © San Pablo, Madrid 2025.

Los textos citados del magisterio de la Iglesia y de los documentos pontificios están tomados de
© Libreria Editrice Vaticana, Dicasterio para la comunicación, Ciudad del Vaticano.

Título original: *Pazienza e perseveranza. La speranza cammina a piedi.*

Traducido por: María Jesús García González.

Ilustración de cubierta: George Rosema

Diseño de cubierta y maquetación: Alba Cosío Velasco.

© Giuseppe Di Stefano

© PAULINAS 2025
Carril del Conde, 62 - 28043 Madrid
Tel.: 91 721 89 84 - Fax: 91 759 02 04
E-mail: editorial@paulinas.es
www.paulinas.es

© Figlie di San Paolo, 2025, Milán

ISBN: 978-84-19408-65-5
Depósito Legal: M-25865-2025

Impreso por Gar.Vi. 28970 Humanes (Madrid)
Printed in Spain. Impreso en España

A mi madre.
A tantos Lucas que se han cruzado en mi vida
y a quienes tengan la paciencia de leer estas páginas.
A los últimos de la fila.
A quien custodia, con corazón de pobre,
la esperanza del pueblo.

«Dicen que hay un tiempo para sembrar
y un tiempo para esperar.
Yo digo que había un tiempo soñado
que era necesario soñar».

(Ivano Fossati, *C'è tempo*)

Como viajeros y peregrinos

«Detente». Para quien se ha puesto en camino, parece la cosa menos indicada que decir. Detenerse es, a veces, más necesario que el propio avanzar. Detenerse es ralentizar el ritmo para recobrar el aliento, volver a unir las piezas, recuperar lo que hemos dejado atrás. Porque, con frecuencia, lo que dejamos atrás es precisamente nuestro corazón. Vamos tirando, en lugar de caminar. Arrastramos con nosotros pesos inútiles en lugar de aligerarlos. Actuamos de tal manera que las preocupaciones se apoderan de nosotros hasta destruirnos. Porque quien se preocupa es alguien que convive diariamente con la angustia de deber estar siempre un paso por delante de todo, de la vida, del presente, y no tiene tiempo de saborearlos. Se inquieta por lo que podría ocurrir y no puede controlar. Y mientras intenta librarse de los miedos que le agobian, pierde la belleza del presente, no es capaz de estar agradecido por lo que tiene y solo sabe lamentarse por aquello de lo que carece.

La imagen del camino, de la ruta, con la dificultad y los imprevistos que lo caracterizan, se convierte, pues, en la expresión de una forma siempre nueva de vivir lo cotidiano. Porque caminar –y, lo que es aún más, caminar juntos– nos educa en la atención, en esa mirada que hace nuevas todas las cosas porque no da nada por descontado y sabe perderse en los detalles, en las pocas cosas que cuentan, en lo esencial. Nos educa para no vivir como fugitivos, sino como peregrinos, discípulos de Aquel que, para nosotros, se hizo «ruta», «camino».

«No es casual –nos recuerda el papa Francisco en la bula de convocación del Jubileo– que la *peregrinación* exprese un elemento fundamental de todo acontecimiento jubilar. Ponerse en camino es un gesto típico de quienes buscan el sentido de la vida. La peregrinación a pie favorece mucho el redescubrimiento del valor del silencio, del esfuerzo, de lo esencial»[1]. Porque la dimensión del camino, al permitirnos redescubrir el silencio, nos educa a la escucha atenta del otro, al diálogo respetuoso de la diversidad. Es escuela auténtica de sinodalidad en la que aprender el paso de Dios, que no deja atrás a nadie. Es el compromiso de «jugar» como Iglesia en el encuentro con el otro, sin prisas, sin prejuicios. A redescubrirnos expertos en polvo y caminos más que en dogmas y preceptos.

La esperanza avanza a pie, lentamente, sin prisa. Da un pequeño paso cada vez, sin preocuparse de la distancia

---

1. FRANCISCO, *Spes non confundit*. Bula de convocación del Jubileo ordinario del año 2025, 9 de mayo de 2024, n. 5.

8

por recorrer. Tiene tiempo que perder, como diríamos nosotros. Y, entre tanto, planta semillas a su paso, aunque quizá no las veas germinar; riega semillas plantadas por otros, aunque tampoco recogerá sus frutos. Cumple con su cometido, sin la pretensión de querer hacerlo todo.

La esperanza es Dios que se demora tras los pasos de los pobres y de los últimos, de quienes están fuera de la fila y de quien ya no tiene a nadie que lo busque. Es Dios, a quien le gusta perderse dentro de los ojos de los pequeños, de los enamorados, de quien se recibe cada día como algo nuevo y vive como si fuera el único día del que dispone. La esperanza es un Dios enamorado de los detalles y que ha hecho bien todas las cosas, desde las constelaciones hasta la mariquita que se balancea sobre un tallo de trigo. La esperanza es un Dios a quien le gusta esconderse en lo infinitamente pequeño: en los pliegues de la piel perfumada de un recién nacido y en las llagas de quien sufre y está solo. En un pan partido y compartido con quienes nunca lo merecieron; en las lágrimas y en las sonrisas de quien se detiene a lo largo del camino.

La esperanza se esconde en la gramática de gestos sencillos y discretos: en un vaso de agua fresca que se ofrece, en un beso o una caricia que se dan de repente o sin motivo aparente, en los abrazos y en las palabras apenas susurradas.

La esperanza es sendero, es camino. Es Dios mismo que habita todos los senderos y late en el corazón de quien los recorre; que avanza con paso ligero, sin imponerse y sin imponer, sin cansarse ni cansar, sin esperar nada.

Es Dios que salta de alegría con los pequeños y juega con ellos persiguiendo un balón; que se encandila como los poetas ante el espectáculo de una puesta de sol, ante la belleza cautivadora de los lirios del campo y la despreocupación de las aves del cielo.

La esperanza tiene los ojos sencillos y agradecidos de quien sabe ver los milagros allí donde los demás no pueden más que constatar una carencia o un fracaso.

La esperanza tiene manos grandes y callosas, las manos de quien conoce el esfuerzo, el sufrimiento e incluso el rechazo, pero no se ha dejado condicionar por ellos. La esperanza tiene manos fuertes que no temen mancharse para levantar a quien ha caído; ir en busca de quien ha quedado atrás o se ha perdido; curar a quien está herido; acariciar sin pretender poseer.

La esperanza camina a pie y dispone de tiempo de sobra, que perder. Tiempo para escuchar y para hacerse cercana, para demorarse, dispuesta a acabar con los programas y hojas de ruta. Y nos recuerda que merece la pena, siempre, y que el pan más rico es el que hemos sabido compartir.

Tenemos necesidad de aprender
la paciencia y la lentitud,
no meter prisa a la vida y al amor.
De detenernos, sentarnos al borde del camino
y escuchar el silencio,
que siempre habla a quien sabe hacerle hueco.
De no matar el tiempo,
porque el tiempo ha de vivirse plenamente
y la belleza, en cualquier caso, se toma
todo el tiempo que necesita.
Comprometámonos a no desperdiciar
ni siquiera un instante.
Vayamos a pie, sin prisa,
deseosos tan solo de hacer acopio,
de recopilar y juntar
todos los pedacitos de felicidad,
para los días en que todo parezca inútil,
en que nos parezca haber vivido en vano.
A lo largo del camino sembremos
con generosidad y amplitud semillas de esperanza.
La esperanza germina siempre,
incluso allí donde menos pensarías.
La esperanza nunca defrauda.

Las palabras olvidadas

Querido Lucas,

Te doy la bienvenida entre estas páginas y te doy las gracias porque, si tienes en las manos este libro, has decidido hacerme un pequeño hueco en tu vida y dejarme hacer un trocito de camino en el recorrido de tus días.

Todavía no me conoces, pero espero que nos hagamos amigos. Por eso conviene que nos presentemos, que me presente, pero todo lo que puedo decirte sobre mí es que soy carencia, estoy incompleto. Se lo repito siempre a quien me pide cuentas de mis defectos e imperfecciones. Soy *defectus,* «carencia». Sé que no me basto a mí mismo y por eso nunca me he considerado alguien que ya ha llegado a la meta.

Soy inquieto por naturaleza, alguien que busca, en el entramado de los días, briznas de belleza, de sentido, y querría no quedar jamás saciado de ellas. De los pobres, de los últimos, de los pequeños, he aprendido a no avergonzarme de lo que me falta, de ser un necesitado; a no tener miedo de mi debilidad, a buscar a Dios fuera del templo, entre aquellos a quienes, con demasiada precipitación y superficialidad, hemos denominado «alejados». De los poetas he aprendido a rendirme a la belleza, al florecer humano en todas sus formas, a los colores de una puesta de sol, a la sonrisa de un niño o al beso de dos enamorados. He aprendido a mirar el mundo a través de las heridas que he ido coleccionando, para descubrir que, solo aceptándolas, podrán convertirse en rendijas por las que dejar que entre la luz. De los locos y los soñadores he aprendido el arte del asombro y el estupor, creyendo con obstinación, cada día, en la fuerza revolucionaria de los deseos que nos habitan. He comprendido que, aunque la vida pueda parecer absurda e incoherente, aunque podamos sentirnos decepcionados por las cosas o la gente, es inútil tratar de comprenderlo todo, y hay que comenzar de nuevo siempre, «en sentido obstinado y contrario» – por decirlo con palabras de Fabrizio De André–, sabiendo que solo poseemos lo que estamos dispuestos a dar.

He decidido escribirte porque no sé hacer otra cosa y creo que las palabras son lo más valioso que tenemos. Es verdad que estamos tan inmersos en las palabras que corremos el riesgo de acostumbrarnos a ellas. Al sonido que tienen cuando las pronunciamos o a la forma que adoptan en la página escrita. Las usamos para hablar de nosotros, nos aferramos a ellas como a una mano extendida, o bien las arrojamos como si fuesen piedras listas para asestar un golpe. Las llevamos en nuestro interior y a veces las sacamos fuera para dar voz a nuestros pensamientos, a nuestros sentimientos, a las pasiones que nos habitan. Nos servimos de ellas para relacionarnos con los demás, pero basta poco para dejarlas caer en el vacío. Ignoradas, no escuchadas.

Pero ¿qué son las palabras? Sonidos, sílabas que nos permiten comunicarnos, garabatos en un trozo de papel. Me pregunto qué sería el mundo sin palabras, pero, aún más, me pregunto qué sería de las palabras sin el silencio. Ya, el silencio. Hacemos de todo para evitarlo, para mantenernos alejados de él. Lo tememos, pero nos fascina. El silencio es el vientre en el que nacen las palabras, en el que se conciben y adquieren forma, como un niño que viene a la luz. Es como si las palabras estuviesen todas ahí, en el silencio, desde siempre, tan solo esperando a que alguien las pronuncie o les dé forma en una página en blanco.

Pero entre las palabras hay algunas que hemos olvidado, que hemos dejado en el desván, como hacemos con las cosas que ya no usamos y que acaban por quedarse en un rincón cogiendo polvo, hasta que ya nadie se acuerda de ellas.

Sin embargo, son precisamente estas palabras, consideradas obsoletas, las que son más necesarias. Las que nos permiten mirar a nuestro interior y dar voz a lo que percibimos que sube desde lo más profundo de nosotros mismos. A las alegrías más íntimas, pero también a los miedos más inconfesables. Al dolor que parece destruirnos o a la euforia que nos hace tocar el cielo con un dedo.

Necesitamos palabras que nazcan del silencio, que den voz a lo más hermoso que nos habita: a los sueños y a los deseos más grandes. Palabras que transmitan el calor de un abrazo o el estremecimiento de una caricia inesperada. Necesitamos palabras capaces de construir más que de demoler y destruir.

Necesitamos palabras que devuelvan la valentía y la fuerza a quien las recibe, palabras que consuelen y comprendan, sin juzgar. Necesitamos palabras capaces de arañar, de abrir camino, de crear puertas de comunión, espacios de diálogo, allí donde el fracaso, la desilusión y el dolor han creado auténticas prisiones. Palabras que hagan renacer la fe hacia uno mismo y hacia los demás; que vuelvan a abrir senderos y caminos, allí donde solo podemos ver obstáculos y desiertos impracticables. Es urgente deponer las palabras que dividen, juzgan, marginan y pueden incluso matar. Palabras como piedras, peores que cualquier arma; afiladas y punzantes como un cuchillo preparado para herir.

Necesitamos palabras de amor y de ternura, palabras discretas, delicadas como una caricia, nunca fastidiosas o inoportunas. Palabras que se atengan al léxico sencillo y comprensible de la amabilidad y del respeto. Palabras

16

que miren sin parcialidad, que no cedan a la tentación de buscar el mal y el fango en todas partes y a toda costa. Necesitamos palabras que nos salven, palabras en las que respirar a pleno pulmón y sentirnos en casa. Palabras de las que volver a apropiarnos, como «lentitud» y «paciencia», palabras con sabor de otros tiempos, como «sacrificio» y «perseverancia». Palabras por las cuales dejarnos acunar, como «fe» y «esperanza», o por las que apostar, como «juntos» o «para siempre».

A veces, además, las palabras nos faltan o nos resultan insuficientes para dar voz a la vida. Nos parece poder encontrarlas catalogadas entre las páginas de nuestros diccionarios, pero basta un poco para que parezcan desgastadas o retóricas, obvias o alejadas de lo que sentimos. Las palabras pueden ser un gran engaño cuando nos convencen de haber alcanzado la verdad y nos distraen de seguir buscando. Las palabras deben devolvernos el interés por la búsqueda, la nostalgia del silencio. Es cierto que el silencio requiere esfuerzo, trabajo; es conquista, el silencio. Al principio nos parece insoportable, molesto, inútil, vacío; pero puede convertirse en plenitud si lo aceptamos y nos dejamos aceptar por él. Porque únicamente en el silencio puede resonar la Palabra verdadera. La única que siempre hace lo que promete, la única capaz de arrebatarnos de la muerte para una vida que jamás tendrá fin.

Tenemos sed de rostros,

como de pan.

Y de palabras antiguas y siempre nuevas,

expuestas,

como una sábana tendida al sol para secarse.

Y de un Dios que nos supera

y nos precede siempre,

en el amor y en la ternura.

Este tiempo nuestro

En un mundo dominado por la prisa, por la lógica del «todo y ya», la paciencia parece una virtud de otra época. Estamos nerviosos, confundidos y ansiosos por los falsos mitos que el consumismo tan hábilmente nos proporciona. Somos superficiales, estamos distraídos por miles de reclamos de los que no somos capaces de escapar. Nuestro tiempo es un tiempo de impaciencia donde todo se sustituye y se deja atrás frenéticamente. Hay demasiado de todo, hasta tal punto que no somos ya capaces de identificar lo que de verdad cuenta. Internet nos ofrece una posibilidad desmesurada e inmediata de conocimiento, que, sin embargo, se queda en la superficie. Hay demasiada facilidad para conectarse con otras personas, pero «ya no se tiene tiempo para encontrarse, y a menudo incluso en las familias se vuelve difícil reunirse y conversar con tranquilidad» *(Spes non confundit* 4).

Con excesiva rapidez se marchitan las cosas y los deseos, que, sin haber tenido apenas tiempo de germinar, ya son sustituidos por otros. «La paciencia ha sido relegada por la prisa, ocasionando un daño grave a las personas» *(ib.)*;

estamos constantemente atareados y obsesionados con el tiempo que pasa, impacientes e insatisfechos. En cambio, la naturaleza es paciente, tiene ritmos lentos, como «el alternarse de las estaciones con sus frutos» *(ib.)*. Nos enseña a saber esperar, nos obliga a ralentizar nuestros ritmos alocados para ponernos a la escucha de nuestra respiración y sintonizarnos con el latido de nuestro corazón. Hablamos a una velocidad exagerada, igual que vivimos a un ritmo acelerado. Amamos, o al menos creemos que amamos, a un ritmo acelerado, quemando etapas, no respetando los tiempos del otro y ni siquiera los nuestros. Conocemos y nos relacionamos a un ritmo acelerado, y las personas se convierten en cosas, objetivos que alcanzar, indicadores de nuestra popularidad. Las relaciones quedan reducidas a un «usar y tirar», a algo que consumir con prisas, mientras la cabeza y el corazón están en otro sitio. Corremos de una cosa a otra, de una relación a otra, de un compromiso a otro, de un deseo a otro, pero seguimos insatisfechos, hambrientos, con un sentimiento de vacío en nuestro interior, una vorágine que cada vez se hace más grande.

Hoy día muchos de nosotros estamos a merced de estos ritmos locos, insostenibles, cuya rapidez nuestro corazón no consigue seguir. Estamos exasperados por el frenesí y la velocidad con la que el mundo corre, y no somos capaces de soportarla. Por un lado, nos lamentamos del cansancio, pero por otro lado no conseguimos imaginar nuestra vida sin ciertos ritmos, pues asociamos velocidad con utilidad. Porque en realidad, si no conseguimos hacer un número de cosas en el día hasta estresarnos, nos sentimos inútiles. Medimos la utilidad y la productividad con la actividad espasmódica y convulsa de agendas repletas; por eso, según esta lógica, un anciano, un enfermo, una persona con discapacidad son «inútiles», porque no son «productivos». La velocidad es como una droga: causa adicción y nos lleva a llenar todo eso que denominamos «tiempos muertos». Fíjate un día en la sala de espera de un médico, la cola en el banco o en la oficina de correos: encontrarás personas nerviosas e impacientes, inclinadas sobre la pantalla de un móvil. Y, paradójicamente, un dispositivo que se ha inventado para acercar a las personas, las aleja cada vez más en realidad.

Perseguimos las modas de manera exasperante. Tenemos que hacernos, a toda costa, con el último modelo de todas las cosas, y no nos damos cuenta de las consecuencias que tiene esta insensata carrera, incluso desde un punto de vista económico, hasta que la situación comienza a írsenos de las manos. Estamos distraídos, proyectados constantemente fuera de nosotros, porque, en realidad, tenemos miedo de mirar en nuestro interior, tenemos miedo del silencio. En este tiempo nuestro la enfermedad más recurrente es el cansancio crónico, la depresión, la incapacidad para gestionar nuestro propio

21

tiempo. Tenemos una agenda para todo porque todos tenemos problemas para recordar. Pero ¿qué quiere decir recordar sino volver a pasar por el corazón? Quizá nuestro corazón esté de verdad fuera de nosotros, y nosotros mismos lo estemos. Nuestras relaciones están enfermas porque ya no somos capaces de invertir en relaciones humanas en cuanto tales, sino solo si resultan útiles, si podemos sacar algún beneficio de ellas, ganar algo. Vivimos relaciones frágiles y discontinuas que se quedan en la superficie, sin entrar en profundidad, sin «apostar» por el terreno de la duración. Nos mostramos impacientes frente a todo lo que requiere tiempos prolongados y lentitud; estamos nerviosos y somos a veces violentos, alérgicos al «para siempre», que, así, acaba por ser reemplazado por el «mientras me sirva o me sea de utilidad», «mientras me haga estar bien».

Pero no solo existe el tiempo marcado por el reloj o las agendas. Todos hacemos cuentas con lo imprevisto que se nos presenta, con lo nuevo que acontece y nos descoloca, y nos obliga a detenernos y a saltarnos las hojas de ruta. Es el tiempo «perdido» en las relaciones, en los encuentros, en el dejarnos literalmente «cautivar» por la belleza de una puesta de sol o del rumor del mar. Así pues, no es cierto que quien se detiene está perdido. «Hay que detenerse para permitir que nuestra alma nos alcance», le gusta repetir a un sacerdote africano amigo mío. Hay que detenerse para que nuestro corazón, nuestra respiración, puedan recuperar esa lentitud que les caracteriza, que les es connatural. Hay que dar un paso atrás en nuestras convicciones, en nuestras supuestas seguridades; frenar, permitirnos cambiar de planes y romper los mapas. Olvidar la agenda con notas y fechas límite para dejarnos sorprender de nuevo de lo que no habíamos tenido en cuenta y tiene el poder de renovarnos.

Por lo general, nuestra reacción ante algo que nos descoloca o desbarata nuestros planes es la impaciencia, la rabia, «a veces la violencia gratuita» *(ib.)*. ¿Y si, en cambio, comenzásemos a ver en los programas que se desbaratan, en los imprevistos, una invitación firme de nuestra alma a detenernos? De vez en cuando, dar un paso atrás nos ayuda a ver mejor, más lejos. Nos permite recordar que no todo depende de nuestros esfuerzos, que quizá la mayoría de las veces no obtendremos los resultados esperados, pero que lo que cuenta será haberlo intentado. Es precisamente esta idea lo que nos hace interiormente libres de la angustia de querer hacerlo todo para no defraudar las expectativas de otros o para no quedar mal. Desde pequeños se nos inculca esta preocupación por el rendimiento que nos lleva a estar eternamente insatisfechos y frustrados y a ser extremadamente competitivos. Nos negamos a asumir nuestras limitaciones y nos debatimos entre la angustia por hacerlo todo y la prisa por ver resultados a toda costa, pero esto no es posible.

Pienso en la paciencia de los campesinos, que deben aceptar los tiempos de la naturaleza y su proverbial lentitud: los inviernos, las lluvias, los vientos que sacuden su arduo trabajo, que les obliga a detenerse y a esperar, después de haber hecho todo lo necesario. Pienso en lo frágil y tenaz que es la esperanza de los agricultores, que, después de haberse partido la espalda en los campos, se ven obligados a permanecer encerrados en casa, esperando que el mal tiempo no haga inútiles sus esfuerzos.

Pienso en la paciencia de los artesanos, de los poetas, de los pintores, cuya mano, antes de posarse sobre la tela o la página en blanco, necesita un tiempo paciente para elaborar lo que el corazón ya consigue ver. El tiempo necesario para modificar, cincelar, corregir, hasta que el resultado sea precisamente lo que tenían en mente. Pienso en la paciencia de las madres que, durante la gestación, perciben cómo se va formando en su vientre una nueva criatura y esperan con amor y expectativa el momento en que verá la luz.

El amor no tiene nada que ver con la prisa, está amasado con paciencia y deseo, está convencido de poder generar el futuro, se atreve a echar raíces en un tiempo que todavía no existe.

La paciencia, además, no es resignación cansada y vacía. No es un soportar callado de algo que no podemos cambiar, sino más bien una oportunidad para invertir el rumbo, para cambiar el ritmo, para crear un tiempo, un ritmo, diferente, no para sostenerlo, como las pausas en una partitura musical. Nos detenemos para continuar con mayor ímpetu e intensidad.

En cambio, la prisa, al igual que la presunción, nunca hace que germine nada, tan solo el ansia que, si se acumula, puede llevar a la depresión, a sentirnos abrumados por la conciencia de nuestras limitaciones hasta querer huir del presente. Porque la prisa, en realidad, se limita a anestesiar las heridas, pero no las permite sanar; acelera el presente y convierte en fugaces todas las cosas. Las emociones, los encuentros, las decisiones se nos escapan de las manos y no tienen el tiempo necesario para sedimentar. Todo se queda en la superficie, sin poder echar raíces, como la semilla que cae en el camino, que acaba por ser ingerida por las aves del cielo. Y nos encontramos cada vez más solos, aunque estemos en medio de la gente y en el bullicio de nuestras ciudades, vacíos y tristes por tantas experiencias fracasadas acumuladas, enfadados con el mundo y permanentemente insatisfechos.

Es tiempo de recuperar los sueños
con la vida,
de huir de la melancolía,
de abrir los ojos para darnos cuenta
de que no hay cosas imposibles,
sino solo poca confianza y valor.
Empecemos con los encuentros,
con los ojos que abrazan
sin poseer,
con las manos que agarran
sin aprisionar.
Y no tengamos miedo a ser diferentes,
con la pasión por aquello que es vasto
y sin límites,
por lo que escapa a nuestro control,
a nuestros esquemas,
pero que todavía nos puede regalar
la emoción del escalofrío en la piel.
Partamos una vez más,
fortalecidos por esa Palabra
que libera el viento e hincha las velas.
Continuemos con estas ganas
de comenzar de nuevo,
porque este, y no otro, es
el tiempo que se nos ha dado,
el terreno que debemos sembrar,
el mar que hemos de surcar,
el sueño que nunca
debemos dejar de soñar.

Paciencia y perseverancia: dos rostros para una única esperanza

Con demasiada frecuencia se habla de paciencia fuera de lugar, para indicar la actitud de quien sufre con estoica y pasiva resignación las adversidades de la vida. Se apela al santo Job, que, en mi opinión, tuvo demasiada paciencia, pero que, al contrario de lo que reza el dicho popular, pasó la experiencia de la prueba de manera activa, me atrevería a decir que de forma «creativa». Pues bien, la paciencia es precisamente esto: hacer de las adversidades, de las dificultades de cada día, de los contratiempos que la vida nos reserva, oportunidades para sacar lo mejor de nosotros, nuestros mejores recursos.

Es necesario transformar los contratiempos y las caídas a lo largo del camino en nuevos comienzos, en ocasiones para levantarnos de nuevo del suelo y reemprender el camino con mayor entusiasmo. Impulsemos el corazón más allá de los obstáculos, hasta las estrellas, porque, aunque el miedo parezca tener más argumentos, nosotros estamos hechos para cosas grandes. Y alimentemos grandes sueños, creemos en la posibilidad que nos permite alcanzarlos. Acerquémonos a la novedad con renovada confianza, dejándonos interpelar por el encuentro con el otro. Detrás de lo que nosotros percibimos como riesgos suelen esconderse las mayores ocasiones.

Esto es algo que saben bien los griegos: para indicar «paciencia» utilizaban el término *hypomoné,* que indica la idea de estar, de permanecer en una situación o circunstancia, aunque sea adversa, con fortaleza y tenacidad. Permanecer, es decir, perseverar, incluso cuando todo y todos parezcan estar yendo en otra dirección. La paciencia es la capacidad de aguantar un tiempo cuya duración desconocemos, soportar las situaciones que no podemos conocer anticipadamente. Es medirse con la medida elevada del amor, que es permanecer, habitar el presente con la mirada abierta al futuro, al mañana que nos espera y del que no hemos de tener miedo. Paciencia y perseverancia son los rostros de una misma esperanza. Una es estática, pero solo en apariencia, y la otra es dinámica porque nos anima a confrontarnos con los demás, con lo que nos precede, a superar los obstáculos del camino.

El término *hypomoné* tiene un prefijo, *hypó,* que supone el lugar, la forma de estar, que es «debajo». Evidentemente, a ninguno le gusta estar debajo, preferimos mucho más una posición y ocasión de visibilidad. Por eso la paciencia nos lleva a la idea de la semilla que, solo si acepta estar, descomponerse, bajo capas de tierra, puede germinar y dar fruto. Lo sabemos, es una paradoja. Lo que a los ojos del mundo parece una derrota y un fracaso, es, en cambio, un nuevo inicio, el inicio de una nueva vida. ¿Cómo puede una semilla creer que en un espacio así de pequeño, en su interior, se esconde un gran árbol listo para brotar? ¿Cómo se consigue creer que todo lo que buscamos está ya, en realidad, dentro de nosotros y basta con hacerlo salir? No nos sorprende que Dios mismo haya escogido una semilla para hablarnos del Reino, de su lógica paradójica e incluso de sí mismo. Quizá por eso las pequeñas cosas, las que parecen insignificantes, son precisamente las que marcan la diferencia. Hay diferencia entre un regalo carísimo, quizá muy esperado y anhelado, y una florecilla del campo cogida espontáneamente y regalada sin un motivo aparente, acompañada de un gesto inesperado que te llega al corazón.

Dios «está debajo», como semilla en la tierra. Él es el primer «paciente» por excelencia. El único que es paciente y lento a la ira ante nuestros constantes alejamientos y nuestros pecados, fruto de esa obstinada presunción de actuar por nuestra propia cuenta, o, peor aún, sin él. Es él quien nos busca y nos pide que le busquemos, pero sin ceder nunca a la presunción de haberlo encontrado ni a la tentación de sentir que ya hemos llegado. Es él quien se esconde en los detalles, más que en lo grandioso, porque son precisamente los detalles los que marcan la diferencia. Porque el amor tiene en cuenta del detalle y cuida de cada simple pedacito. Además, el amor no deja nunca piedra sin remover, no deja nunca nada al azar, no se conforma con hacer lo que se debe, sino que va más allá, se excede, se desborda siempre, va más allá. Está siempre un paso adelante respecto a la lógica de lo permitido.

Es como una flor sobre la mesa o como una vela en la habitación. Como el fuego crepitante de una chimenea o una ventana abierta a un paisaje. Aparentemente no hacen nada. Y sin embargo lo transforman todo, con su presencia, por el mismo hecho de estar ahí. Por eso estoy convencido de que Dios ama los detalles más que lo grandioso, hasta tal punto que «permanece debajo»: él, que es el inmenso, en lo infinitamente pequeño. Porque Dios se narra precisamente a través de las pequeñas cosas, como una pizca de levadura, un grano de mostaza, una semilla, un retoño. Esos pequeños detalles que con frecuencia pasan desapercibidos. Porque no hay nada más grande que las pequeñas cosas, y no hay nada más revolucionario que la presencia, decir a quien amamos: «Estoy aquí para ti, estoy contigo para siempre, no te dejaré jamás».

Enséñame la paciencia del campesino
y su obstinada fe.
Enséñame la tenacidad de la semilla
y su valentía para echar raíces.

Enséñame la fuerza y la ternura
del retoño
que, aun siendo pequeño y frágil,
desafía las condiciones adversas
para crecer y robustecerse.
Enséñame la flexibilidad de las ramas
que, aunque el viento las golpee con fuerza,
saben resistir sin quebrarse.
Enséñame a ser como las hojas
que no tienen la arrogancia
de creerse árbol,
sino que recogen linfa y alimento
de la tierra
permaneciendo unidas a las ramas,
al igual que las ramas lo están al tronco y a las raíces.
Enséñame la delicadeza y la belleza
de las flores, que, a pesar de su breve vida,
hacen todo lo posible por ser bellas y fragantes,
sin percatarse de que en su condición
delicada y frágil reside la auténtica belleza.
Enséñame la generosidad del fruto
que se entrega a todo aquel que abre
las manos y el corazón
Sin avergonzarse de su condición,
necesitado y hambriento de pan
y de presencia.

Eres paciencia

La paciencia es, ante todo, de Dios. Él es el paciente, y la paciencia misma. Así lo canta Francisco en sus alabanzas al Altísimo, que recuerdan los Noventa y nueve nombres de Alá y que el *Poverello* seguramente había escuchado cuando, siendo peregrino de paz, visitó al sultán durante la quinta cruzada. Y me lo imagino aún mientras, tendido sobre la desnuda tierra, ahora ya completamente privado de la vista y afligido por el dolor en sus ojos, tras repetidas intervenciones que no dieron ningún resultado, repetía, como un canto, esas palabras: «Tú eres paciencia».

El Dios del Antiguo Testamento que nos muestra Éxodo 34,6-7 es un Dios paciente porque es «lento a la ira». Pero el texto hebreo utiliza una curiosa expresión que, traducida al pie de la letra, suena como sigue: «de nariz larga», entendiendo por nariz el lugar donde reside la ira. Es como si dijera que, cuando uno está al límite y a punto de estallar de ira, debe, como Dios, respirar hondo, con mayor profundidad y más fuerte. Como si la respiración nos recordara que somos un soplo, un poco de carne y de aliento, y que, si pensáramos en ello más a menudo, no perderíamos el tiempo enfadándonos y discutiendo, porque esta vida es demasiado corta como para pasarla haciéndonos daño.

El rostro del Dios bíblico oscila en esa tensión propia del ser humano, entre ira y misericordia, pero, en él, dicha rigidez se resuelve siempre a favor de la misericordia. Dado que es «lento a la ira» y, por tanto, paciente, se nos recuerda que, aunque tengamos razones válidas para ceder a la ira y vengarnos, siempre habrá muchas otras razones para volver a confiar y a amar. Es verdad que el género humano pone a prueba y lleva al límite la paciencia de Dios, hasta «agotarla» (cf Is 7,13; Miq 6,3), pero Dios es misericordia, es «todo amor» (Sal 103,8). Dios es el de las segundas oportunidades, pero hasta el infinito. Nos da tiempo y ocasiones para convertirnos y abandonar el camino del pecado y de la mentira. Sí, Dios ama incondicionalmente y sin medida todo lo que existe. Es el Señor de la vida y deja siempre a todos espacio para que se arrepientan (cf Sab 11,21–12,2).

Pero ¿qué quiere decir convertirse? Antes que cambiar de modo de vida significa reorientar la mirada sobre lo que cuenta y vale de verdad. ¿Y qué hay más necesario que el amor, más esencial que amar y ser amado? Así es, el amor es lo que nos realiza, lo que nos hace semejantes a Aquel que nos ha hecho a su imagen. Esta es la perfección a la que debemos tender: «Vosotros sed perfectos, como vuestro Padre celestial es perfecto» (Mt 5,48), que ama a todos incondicionalmente y hace salir el sol sobre buenos y malos, que hace llover sobre justos e injustos (cf Mt 5,45).

No debemos hacer caso a quien nos dice que ser perfecto es ser impecable, «porque siete veces cae el justo» (Prov 24,16). No debemos fiarnos de quien nos dice que ser perfecto quiere decir ser siempre el primero en todo, sobresalir en todo y no equivocarse nunca. Quien nos dice esto, lo que nos está diciendo entre líneas es que no valemos nada tal como somos, que debemos desembarazarnos de algo porque está mal. Pero Dios no nos ve así. Él no desecha nada de nosotros y no nos ahoga en el sentimiento de culpa. No nos dice que nos hemos equivocado, sino que más bien nos recuerda lo que podemos llegar a ser y lo que estamos llamados a convertirnos si amamos y nos dejamos amar por él. Nos dice que la felicidad es posible y está al alcance de nuestra mano, que tan solo tenemos que agarrar esa mano: la mano de Dios que nos ama, siempre a través de alguien.

La verdadera conversión no consiste en creer en un moralismo que nos hace sentir siempre equivocados e inadecuados, que nos pide que seamos diferentes, alguien que no somos; sino que consiste más bien en confiar en el amor inagotable y persistente de Dios por nosotros, en creer en nosotros mismos como él cree. Solo dejándonos amar por él, tal como somos, podremos de verdad comenzar de nuevo, reemprender el camino desde nuestros fracasos sin vergüenza. Porque solo cambiamos si somos amados, si sentimos que en lo más profundo de nuestro corazón respira su confianza incondicional por nosotros.

En el Nuevo Testamento encontramos un texto emblemático que nos habla de la paciencia de Dios por el ser humano y, a la inversa, de la impaciencia del ser humano con su prójimo. Se trata de la parábola del «deudor incongruente», más conocida como parábola del «siervo despiadado», que encontramos en el capítulo 18 del Evangelio de Mateo. Aunque en el centro del relato esté la enseñanza de Jesús sobre el perdón, en respuesta a la pregunta de Pedro: «Señor, ¿cuántas veces tengo que perdonar a mi hermano las ofensas que me haga? ¿Hasta siete veces?» (Mt 18,21), el tema de la paciencia aparece dos veces (cf Mt 18,26.29). La paciencia del rey ante su siervo y la remisión de la colosal deuda que había contraído, pero también la falta de paciencia del siervo perdonado que se muestra inconsecuente y malvado frente a quien se encuentra en la misma situación en la que él estaba al principio. Esa condonación inesperada de una deuda incalculable (diez mil talentos) que el rey cancela de manera sorprendente y definitiva, parece no haber enseñado nada al siervo. Porque este, encontrándose ahora en la situación de revivir, pero ahora en posición opuesta, la misma experiencia con uno de sus deudores, que tan solo le debe cien denarios (el salario de dos meses y medio de trabajo), se comporta de manera dura e intransigente y exige el pago de su deuda. Así, el deudor a quien el rey había condonado toda su deuda, se revela incoherente e ingrato frente a la gracia recibida.

Vemos, pues, en la parábola una comparación entre la inconmensurable paciencia y clemencia del rey hacia su deudor y la desmesurada violencia de este frente a su propio deudor, a quien «agarró por el cuello y le dijo: "¡Paga lo que debes!"» (Mt 18,28). Podía haberle pedido, solo de palabra, que le pagara lo que le debía, pero aquel deudor incoherente, que había obtenido la piedad del rey, no tiene reparo en excederse e incluso «fue y lo metió en la cárcel hasta que pagara la deuda» (Mt 18,30). En ese momento el rey/amo entra de nuevo en escena y, advertido por los otros siervos de la conducta del deudor a quien había perdonado aquella incalculable suma, lo manda llamar y le hace ver la incoherencia y la crueldad de sus acciones. «Yo te he perdonado toda aquella deuda porque me lo suplicaste. ¿No debías tú también haberte compadecido de tu compañero, como yo me compadecí de ti?» (Mt 18,32-33). Una vez más, el perdón y la paciencia incalculable de Dios se encuentran con nuestra incoherencia y nuestra impaciencia frente a los hermanos que son deudores igual que lo somos nosotros, unos hacia

37

otros y ante el mismo Dios. Debemos recordarlo cuando en nuestras asambleas rezamos las palabras del Padrenuestro: «Perdona nuestras ofensas como también nosotros perdonamos a los que nos ofenden». Esperamos que Dios no nos escuche cuando le dirigimos estas palabras, porque si tuviese que usar con nosotros la misma medida que usamos nosotros con los demás, estaríamos perdidos. Es su paciencia la que nos salva, su amor persistente y fiel es más grande que todas nuestras infidelidades.

> Estás aquí,
> en la fidelidad obstinada de un amor
> inmerecido, inmenso.
> En una luminosa noche estrellada,
> capaz de hacer temblar de miedo
> la más densa oscuridad.
> Estás aquí,
> en el calor de una caricia
> en pleno invierno,
> en el estremecimiento de un abrazo
> que cubre y venda toda herida,
> pan sobre nuestras mesas hambrientas
> de lo esencial.
> Estás aquí,
> inesperado y sorprendente,
> como el primer beso,
> como el viento que acaricia el rostro
> e hincha las velas de quien se hace a la mar.

Estás aquí,

en el esfuerzo de quien camina pesadamente

y en el grácil vuelo de las aves del cielo.

Estás aquí,

simplemente estás,

porque no hay nada más hermoso que estar,

no hay nada que valga más que estar al lado,

aun sin palabras que decir,

para que el silencio revele

palabras todavía olvidadas,

no aprendidas o nunca pronunciadas.

Estás aquí,

en el surco de la tierra, semilla humilde y escondida.

Estás aquí,

y, contigo, yo también germino.

Dios sabe esperar

Otra parábola que nos sitúa frente a la paciencia de Dios con nosotros es la de la higuera estéril, que encontramos en el Evangelio de Lucas, capítulo 13. Dos acontecimientos históricos: una cruel ejecución por parte de Pilato, que había matado a algunos galileos y había ordenado que su sangre se derramase junto a la de los sacrificios ofrecidos; el derrumbamiento inesperado de una torre en Siloé que había provocado la muerte de dieciocho personas. Dos relatos de muerte que generan otros tantos interrogantes: ¿qué culpa tenían aquellos desgraciados? ¿Eran quizá más pecadores que los demás? Pero, sobre todo: ¿fue Dios quien los castigó? Es cierto que si consideramos que la desgracia es el castigo por el pecado y que Dios se venga del mal de nuestros actos condenando a los pecadores, entonces enseguida atribuimos a Dios el papel del malo.

Pero mientras pensemos, como los interlocutores de Jesús, haciendo un balance de culpa y responsabilidad, perdemos de vista lo que de verdad cuenta: que, para nosotros, es el momento de que nos convirtamos y demos fruto, porque si no cambiamos, convertiremos este mundo en un enorme baño de sangre. Jesús ha venido para que no sigamos teniendo esa idea equivocada de Dios: Dios no envía terremotos y plagas, no castiga a los seres humanos respondiendo al mal con mal. Quizá deberíamos atenernos a los acontecimientos históricos, a los inesperados y devastadores desastres naturales para recordar que la vida es un suspiro, y que no hay que malgastarla en guerras inútiles y divisiones. Jesús ha venido al mundo para recordarnos que Dios, que es Padre y que nos ama hasta tal punto que nos ha entregado a su único Hijo, ama obstinadamente, perdidamente, este mundo. Dios es amor y no conoce otra «venganza», otro «castigo» más que tomar sobre sí el pecado del mundo, deteniendo su curso en el madero de la cruz, donde se deja clavar. Y todo esto por amor.

«Porque tanto amó Dios al mundo que dio a su hijo único, para que quien crea en él no perezca, sino que tenga vida eterna» (Jn 3,16). Como los niños que miden el amor en abrazos y no en palabras y que, para decir «mucho», estiran los brazos todo lo que pueden. Así hace Dios, que ama extendiendo sus brazos sobre la cruz, hasta abrazar todo el horizonte, hasta cubrir las distancias más impensables; queriendo obstinadamente no dejar a nadie fuera de ese abrazo. No hay declaración de amor que no se anteponga a estas palabras: «Tanto amó Dios al mundo...», porque el amor solo es verdadero cuando llega hasta el límite de lo posible, de lo permisible. En ese «tanto» se encierra la paradoja de Dios, a quien le gusta esconderse en lo infinitamente pequeño; que siempre está esperándonos, deseando volver a abrazarnos y celebrar con nosotros; que exagera, entregando su omnipotencia y su misterio a la impotencia y la locura de un amor capaz de habitar el abismo de la mayor lejanía y del peor de los fracasos. Un Dios que se atreve a amar sin miedo, clavado a un abrazo sin retorno, levantado en el más infame de los patíbulos, como sobre los hombros fuertes y anchos de papá. Y todo esto para todos, e incluso para uno solo. La cruz es signo de que el mundo ha malinterpretado a Dios, de que lo ha marginado y quitado de en medio, estigmatizándolo como fracasado y perdedor. Pero la muerte no puede quitar nada si el amor lo ha dado todo ya, sin escatimar ni un ápice. De ese abrazo desbordante Dios no se arrepentirá. Permanecerá clavado a ese amor que, en la cruz, ha abierto los brazos hasta morir dentro de él. Permanecerá ahí, en ese abrazo, obstinado, sin dudas, corriendo incluso el riesgo de parecer fracasado y perdedor, para decirnos, ya sin necesidad de palabras, que cuando se ama nunca se pierde.

Es, pues, urgente que nos convirtamos, que reorientemos nuestra vida hacia lo que de verdad importa. Es tiempo de amar, y, parafraseando las palabras de Jesús,

43

me gustaría decir: «Amad; si no os amáis, moriréis todos» (cf Lc 13,5).

En la parábola de la higuera estéril nos vemos, por tanto, llamados a medirnos con la urgencia inaplazable de dar fruto y con la empedernida paciencia de Dios, que, fiel, espera este fruto y nos da tiempo para que esto pueda suceder. Es verdad que convenía talar esa higuera que desde hacía tres años no daba fruto y solo ocupaba el terreno, pero el viñador intercede ante el dueño y consigue otra oportunidad para ese árbol improductivo.

Así, ante la impaciencia de quien querría talar con razón esa higuera que ocupa tiempo y terreno, pero sin dar fruto, el viñador responde con su persistente y empedernida confianza en el árbol. «Señor, déjala también este año; yo cavaré alrededor y le echaré estiércol» (Lc 13,8). ¡Qué exageración todas estas atenciones, todos estos cuidados hacia un árbol que, generalmente echa raíces y da frutos incluso en los huecos de los muros de piedra seca de nuestros campos! Pero Dios, con obstinación, se esfuerza mucho y pone todos los medios para cuidar de esa higuera. Sí, Dios no se resigna a nuestra esterilidad y nos da tiempo para cambiar.

Dios cree en nosotros, más de lo que nosotros creemos en nosotros mismos. Confía en nosotros, apuesta por nosotros. Si existe la más mínima posibilidad de que demos fruto, Dios no deja de intentarlo. Se aferra a la más mínima posibilidad, a la más frágil de las esperanzas, porque sabe que somos capaces de germinar y dar fruto.

Es cierto que la paciencia puede parecernos un comportamiento sumiso o pasivo, pero es directamente proporcional al amor por la vida. Es como el tiempo de la levadura para fermentar la masa o el tiempo del grano de mostaza que se convertirá en un gran árbol. Sí, se necesita un gran amor para ser paciente. Es un obstinado intento, una y otra vez, de hacer germinar la vida, incluso allí donde nadie lo ha conseguido nunca.

Amo a quien no se rinde,
a quien resiste a pesar de todo y de todos.
Amo a quien permanece, a pesar de todo,
aferrado con tenacidad a ese poco
que basta para no perderse:
una mano, un abrazo
o un recuerdo que pueda despertar en su interior
el calor del sol una fría mañana.
Amo a quien decide florecer,
siempre y en todas partes,
a quien no se deja
atrapar por el miedo,
sino que se enfrenta a él cada día
repitiéndole que no hay nada
imposible o inalcanzable.
Amo a quien cree en el amor, amo a quien se atreve.

Y te amo a ti, Señor, que nunca te cansas
de volver a comenzar conmigo, de ponerme a prueba,
de recordarme que florezca y dé fruto.
Siempre, a pesar de todo.

Cuando florece el almendro

La primera vez que lo vi fue en un libro de historia del arte. Aquel lienzo azul celeste, sobre el que se extendían grandes flores de almendro blancas, fue, en opinión del mismo Vincent van Gogh, su mejor cuadro, el que había elaborado con mayor paciencia y más calma. En el periodo más atormentado de su vida, durante su recuperación en el hospital psiquiátrico de Saint-Rémy, Van Gogh encontró una repentina fuerza y vitalidad al enterarse de la noticia de que su hermano Theo iba a ser papá y que al niño le iban a poner su nombre. Aquel ramo de almendro en flor –así es como pasaría a llamarse el cuadro– anunciaba la inminente llegada de la primavera, una estación que parecía no llegar nunca a la atormentada vida de van Gogh. El pintor ya había inmortalizado en otras ocasiones una rama de almendro, colocada dentro de un vaso, pero esta vez era diferente: aquellas ramas parecían más bien flotar, como si estuvieran posadas delicadamente sobre el azul del cielo. No se ve el tronco del árbol, ni sus raíces, sino solo una parte que despunta, se asoma, se yergue en el fondo delicado del cielo, deslumbrante. Es la vida que nace y se despliega, como un tapiz de especial belleza, en ese lienzo que enmarcaría el lecho de los futuros padres del pequeño Vincent.

Desde entonces, he de confesar, la imagen de esta obra maestra de Van Gogh me ha acompañado siempre, y no ha dejado nunca de hablarme con su cautivadora belleza, que se descubre en los detalles más que en lo evidente, que no se impone, pero que atrae la atención de quien lo observa.

Solo más adelante descubrí que el término hebreo que indica «almendro» tiene la misma raíz que el que significa «atención», y creo que nunca un nombre ha sido más apropiado. Porque el almendro florece en invierno, parece casi desafiar el tiempo gélido, el frío de la estación y, en cierto modo, parece estar diciendo que el invierno está a punto de acabar y enseguida, sobre sus ramas desnudas e inertes, aparecen los primeros brotes. Es precisamente así: en medio de nuestros inviernos necesitamos quien, como el almendro, desafíe el frío de nuestros errores y nos recuerde que es tiempo de florecer, de mirar hacia adelante, más allá... porque a todos se les da bien florecer en primavera, pero para florecer en pleno invierno, cuando todo duerme y parece además estar muerto bajo el hielo, se requiere valentía y mucha, mucha atención.

Desde la ventana de la pequeña sala que me asignaron en la cárcel de Rebibbia, todo lo que conseguía ver era un pequeño rectángulo de cielo y algunas ramas, no bien identificadas, desnudas, idénticas unas de otras, como todos los pobres diablos que poblaban nuestras cárceles.

Yo estaba ahí, algunos días a la semana, en esa sala, esperando a quien quisiera charlar un rato o simplemente pasar una media hora diferente en esa monotonía de horas, y días, y meses, y años que tanto se parecen unos a otros, tanto que parece que no avanzan nunca.

Aquel día se dejaba sentir el frío, así que nos cubríamos como podíamos, mientras desde las rendijas o los vidrios rotos de alguna ventana destartalada entraba el viento y nos hacía tiritar. El frío, ya se sabe, hace que te castañeteen los dientes. Pero también pone en marcha los remordimientos, ese sabor amargo que tiene el fracaso. Un hielo que conoce bien quien lo ha perdido todo y solo encuentra calor en las lágrimas, abrazando la ausencia de quien desearía tener a su lado.

A primera hora un joven, que parecía demasiado joven para su edad, llamó a mi puerta. Era moreno, tenía los ojos negros y en ellos podía yo leer toda la vergüenza y quizá todo el dolor del que era responsable y del que se estaba dando poco a poco cuenta.

Se presentó, pero después de haber acabado con las preguntas recíprocas sobre la edad y la procedencia, el hielo comenzó a abrirse paso en la pequeña estancia. No me atreví en ningún momento a preguntarle el motivo de su condena. Aquellos ojos seguían hablándome, hambrientos de vida y obligados a enfrentarse diariamente a los barrotes de las puertas y las ventanas. Aquel joven me leía por dentro y yo me sentía profundamente incómodo, desnudo por primera vez, ante un perfecto desconocido. Su miedo era mi miedo, y no dejaba de preguntarme: «¿Y si estuviera yo en su lugar?». Me encontraba como paralizado ante aquella mirada y temblaba, no sé bien si por el frío o porque temía que aquellos ojos causaran en mí el mismo dolor por el que él estaba ahora pagando.

«¿No vas a preguntarme por qué estoy aquí?», me dijo.

Y yo dije de inmediato: «Solo si tú quieres decírmelo. Pero también podemos permanecer aquí en silencio todo el tiempo que dure nuestro encuentro».

«Maté a mi mujer porque tenía miedo de perderla, miedo de que me dejase, y luego traté de quitarme la vida. Pero mi padre, quizá atraído por el extraño silencio que salía de mi habitación, llamó inmediatamente a una ambulancia. Ella había muerto ya y no pudieron hacer nada por salvarla; a mí, en cambio, me cogieron a tiempo. Estuve en coma durante no sé cuánto tiempo y solo cuando me desperté, maniatado y vigilado, me di cuenta de lo que había pasado. Mis muñecas cortadas, los guardias. Todavía hoy no sé bien qué sucedió aquella noche, o quizá es que no quiero recordarlo. Todo lo que sé es que ella ya no está y que fueron precisamente estas manos, mis

50

manos, las que le quitaron la vida. Solo en el juicio, del que salí condenado, supe que había asesinado, a cuchilladas, a la mujer que amaba. ¿Cómo pude hacerlo? No lo sé. Solo sé que, aunque me salvaron la vida, yo morí con ella, asesinado por mi propia mano. No creo que pueda haber perdón para mí. Pienso en mis padres, en el dolor inmenso que les he causado; pienso en la madre de mi novia, en su hermana. Y el miedo me asola, miedo a mí mismo, a aquello de lo que soy capaz.

Bueno, ahora que sabes la verdad, no querrás verme más; seguramente te doy asco y quizá tengas miedo de mí, de quedarte solo conmigo en esta sala».

Era verdad, tenía miedo, pero no de él. Tenía miedo de mí mismo, no podía dejar de pensar qué yo podría haber estado en su lugar. Me habría gustado llorar, pero no tenía valor para hacerlo. Me habría gustado irme, pero sus ojos estaban delante de mí y no podía huir, no quería. Unos escalofríos me atravesaban lo más profundo de mi corazón. Un repentino calor en el rostro me hizo darme cuenta de que ya no iba a ser capaz de detener las lágrimas. Estaba llorando, y él lloraba conmigo. Uno frente al otro, mirándonos a los ojos. No fui capaz de decir ni una sola palabra más, fueron nuestros ojos los que se hablaron, explorando el silencio, colmándolo de presencia. De repente ya no me preocupaba qué decir o hacer y, por primera vez en mi vida, creo que invadí el terreno del otro. Desnudo y descalzo, como corresponde a quien cruza las fronteras, más allá de las ideas de lo que está bien y lo que está mal.

«¿Puedo preguntarte una cosa?», me dijo.

«Claro», respondí mientras seguíamos siendo náufragos uno de los ojos del otro.

Y él: «Desde hace tiempo quiero que alguien me abrace, pero aquí no es posible».

Aquel joven, una vez más, había leído en mi interior. Era yo quien quería abrazarlo y no me había atrevido a pedírselo. Él me pedía que fuera yo quien lo hiciera, pero en realidad era yo quien lo necesitaba, para recobrar mi integridad, para superar el miedo.

No sé si tú, quien está leyendo esto, crees en Dios. Me cuesta creer en él más que nadie, pero sé con certeza que lo encontré un día, más bien, ese día. Me había tendido una emboscada. Me esperaba allí, en aquel abrazo.

Ahora todo lo que veo desde la ventana de la salita de Rebibbia son ramas, que ya no están inertes y sin hojas, sino que están cargadas de brotes. Presta atención. El almendro siempre, tenazmente, florece en medio del invierno.

Acaríciame.
Tu tacto hace florecer los inviernos,
mientras el corazón da un vuelco.
Acaríciame.
Despiértame de mi sueño sin sueños
y que el calor de tu mano
me recuerde que estoy vivo.
A pesar de todo, a pesar de mí.
O quizá gracias a todo esto.
Acaríciame.
Tu tacto reta mis interminables noches
y me anima a atreverme, a resistir, a florecer
en medio del hielo de tanta indiferencia.
Acaríciame y volveré a vivir.
Recógeme y volveré a caminar.
Tu tacto aún me susurra
a los oídos del corazón
que este es mi tiempo
y no otro.
Tiempo de comenzar de nuevo,
de volver a amar, a amarme.
con infinita paciencia
y mucha, mucha ternura.

Siempre se puede comenzar de nuevo

Querido Lucas,

Te escribo mientras, con los ojos todavía velados por el sueño, trato de sorprender al alba; pero, por mucho que lo intento, es siempre ella la que me precede y me sorprende.

Los amaneceres, igual que los atardeceres, son el momento del día que más me gusta. Los primeros respiran novedad, lo inédito. Los segundos llevan consigo la gracia del cumplimiento, la gratitud por lo que fue y las consciencias de lo que habría podido ser, pero, por algún motivo, no sucedió. Y así, ante el espectáculo que supone ver salir el sol, percibo un sentido de profunda gratitud por la posibilidad que se me da de comenzar de nuevo.

Recomenzar, comenzar de nuevo, es el verbo de los nuevos inicios, de las partidas y los regresos. No es un verbo para los que están cansados, para los que están instalados ni para quienes creen que ya han llegado. Es más bien el verbo de quien se pone en camino, un paso tras otro, un día tras otro, alentado por la experiencia acumulada a lo largo del camino, con una mirada virgen hacia todas las cosas, como si las estuviese viendo por primera vez. Es el verbo de la valentía, de quien se atreve a pesar de todo. El verbo de la posibilidad, de quien se renueva ante esa tímida luz que se abre camino entre las sombras y tiñe el cielo de tenues colores que poco a poco van haciéndose más intensos. Es el verbo de quien es paciente consigo mismo, con los demás; de quien sabe esperar y esperarse. Es el verbo de quien no se resigna, de quien no tira los remos desde la barca, sino que desafía al mar abierto y el miedo a lo desconocido.

Me gusta el amanecer porque porta el misterio de lo nuevo que acontece sin hacer ruido, sin merecerlo, que casi se impone con la gratuidad más apabullante. Durante muchos años se ha tratado de comprender el instante exacto en que la luz penetra en las tinieblas, el primer tímido abrirse paso del día en mitad de la noche. El mismo Miguel Ángel, al pintar la bóveda de la capilla Sixtina, quiso que el Creador estuviese vestido con los colores del amanecer para enfatizar el misterio. Ese Dios a quien nadie ha visto nunca tiene el rostro de la novedad, de cada comienzo, tímido y misterioso, de la vida que germina sin hacer ruido, frágil y tenaz.

Siempre he creído que no había un momento más misterioso y atrayente que el amanecer. Ese instante en el que la luz irrumpe en la noche y disipa sus tinieblas está reservado a los audaces, a los que tienen la osadía de desafiar la oscuridad, atravesándola con los ojos abiertos. Los amaneceres hacen arder de deseo a todo el que mendiga luz, a los que tienen hambre y sed de días y de sueños. Los amaneceres llevan consigo la oscuridad que nos habita, los miedos y angustias que pueblan el sueño. Abren nuevas esperanzas, posibilidades nunca vistas. Nos recuerdan que se puede comenzar de nuevo, siempre, aun cuando todo parezca querer convencernos de lo contrario; que basta tan solo un débil reflejo de luz para ahuyentar las noches más interminables; que quizá la oscuridad más densa lleva consigo la promesa de un nuevo comienzo. Creo que ningún artista ni poeta podría describir adecuadamente la fuerza arrolladora y la delicadeza de un amanecer, porque nada puede compararse a él sin restarle belleza: ninguna palabra, ningún trazo de pincel. El amanecer es y sigue siendo un espectáculo para los ojos y para el corazón de quien decide aventurarse más allá de lo contingente, para describir que siempre hay algo más allá de lo que se percibe. Porque la belleza habita en los ojos de quien se enamora de los detalles, de quien opta por ser diferente, subversivo, de quien sabe captar lo inmenso en un fragmento, cada cosa y su contrario. Pero lo que más me gusta de cada amanecer es la mirada penetrante de mi Maestro, que me ha enseñado a buscarlo incluso al caer la noche.

Cuida de este nuevo día,
de cada nuevo comienzo
y de las personas que vas a encontrarte.
Embriágate de rostros, de ojos, de manos.
Hazte amigo de una flor,
de un brote de hierba.
Cede el paso a las hormigas
y aprende cada día el esfuerzo
y la belleza de comenzar de nuevo.
Da preferencia a la lentitud, a la respiración profunda.
Y recuerda que el camino no se mide
solo en el número de pasos que avanzas,
sino también en las paradas y en los pasos hacia atrás,
en el detenerse y el perderse
ante el espectáculo que es la vida.
Mantén la calma y no dejes
que las contrariedades de un momento
te hagan parecer lo que no eres.
Abandona las guerras
que no te pertenecen
y no malgastes energías
en rencores y resentimientos.
Aprende del sol a resplandecer.
Del agua, la libertad y la frescura.

Del viento aprende a bailar
y de un diente de león la ligereza
de dejarte llevar.
Y no tengas miedo de atreverte, de pedir
un abrazo cuando lo necesites,
de perder el equilibrio y perder el control
sobre todo aquello que en la vida
creías tener planificado.
Y recuerda: no existe la palabra «ahora».
Recomenzar, siempre se puede.

Impaciencia humana
y paciencia de Dios

Creo que, en la raíz de nuestros fracasos y deficiencias, y de la tristeza que se deriva de ellos, hay una forma de impaciencia que se ha cronificado ya. Estamos devorados por el ansia de poseer y de tener siempre más en el menor tiempo y con el menor esfuerzo posible. Creemos poder llenar el vacío que nos habita acumulando cosas, y con frecuencia tratamos a las personas como si fuesen cosas también. Somos impacientes porque queremos todo y lo queremos ya y, cuando no lo conseguimos, nos sentimos frustrados y deprimidos.

Fue precisamente por impaciencia por lo que los hebreos pidieron a Aarón que les fabricara el becerro de oro; fue por la prisa de alcanzar la tierra prometida por lo que el pueblo murmuraba continuamente por la escasez de comida y de agua. Estamos hechos así. No sabemos aguantar, no nos gusta nada esperar y acabamos por conformarnos con un ídolo o por añorar las cebollas con las que nos alimentábamos cuando éramos esclavos en

Egipto. Pero la buena noticia es que Dios permanece y sigue caminando con su pueblo, con infinita paciencia y pertinaz fidelidad. Y cuánta paciencia necesitamos si también nosotros queremos ser fieles a una causa, a una persona, a un sueño. Dios es paciente en su fidelidad y nosotros estamos llamados a parecernos cada día más a él, a aprender de él que, por muy duro que sea, el sacrificio es el auténtico rostro de todo amor verdadero.

Es revelador: todos nacemos con los puños cerrados, apretados, casi como queriendo proteger lo que es nuestro y defendernos, siempre y como sea, del otro a quien, instintivamente, consideramos como un rival y un enemigo. Nos cuesta trabajo abrir las manos porque hacerlo sería como admitir que no nos bastamos a nosotros mismos y que nuestra seguridad no depende de las cosas que poseemos. Necesitamos aflojar las rigideces, las cerrazones, abrirnos al otro y presentarnos tal como somos, sin avergonzarnos de nuestras manos vacías. Porque no somos lo que poseemos o creemos poseer, sino más bien lo que nos falta. Estamos incompletos, nos necesitamos unos a otros. Porque solo si tenemos el valor de dejar atrás todo lo que ahora encerramos con arrogancia en nuestros puños apretados podremos arriesgarnos a encontrarnos, por fin, completos en el calor de un abrazo que nos devuelve al mundo. Creo que fue precisamente esta la experiencia del hijo menor de la parábola del padre misericordioso, cuando, al volver a casa después de haber dilapidado su parte de la herencia, se encontró a sí mismo en ese abrazo inesperado que le dio su padre, que tiene el calor de la misericordia y el asombro apabullante de los nuevos comienzos (cf Lc 15,11-32).

Así escribía Simone Weil:

> Dios espera con paciencia que yo quiera por fin consentir en amarle. Dios espera como un mendigo que se mantiene en pie, inmóvil y silencioso, ante alguien que le dé un trozo de pan. El tiempo es esta espera. El tiempo es la espera de Dios que mendiga nuestro amor[2].

Precisamente ese tiempo por el que no dejamos de lamentarnos, que casi maldecimos por su implacable paso y llenamos de hastío o de prisa, es nuestro tiempo, el tiempo que se nos ha dado. No tenemos otro. Es el hoy de nuestra vida, en el que nos lo jugamos todo. Esas pausas que calificamos apresuradamente como «tiempos muertos», la espera que nos suele parecer una pérdida inútil, son en realidad el tiempo para experimentar la paciencia de Dios por nosotros y una ocasión para aprender de él a amar sin prisas, con ternura y comprensión, pero también con infinita paciencia hacia nosotros mismos y hacia los demás.

---

2. S. WEIL, *El conocimiento sobrenatural,* Trotta, Madrid 2003, p. 80.

Cuando me nombraron párroco de la comunidad en la que sirvo actualmente, pedí a un amigo pintor que plasmara en un icono esta idea de la paciencia de Dios, de su espera, que respeta incluso nuestras lentitudes y nuestros retrasos. Un Dios que está en el umbral, listo a recibirnos siempre y en cualquier circunstancia. Así nació el icono del «Cristo del umbral». El rostro del Maestro, apenas esbozado, destaca en el marco de una puerta abierta, cuyos colores se reflejan en su tez. «Yo soy la puerta», dijo Jesús (Jn 10,7) y también nos invita a nosotros a ser, igual que él, una puerta abierta, un umbral que se deje cruzar por todo aquel que quiera entrar o salir.

El Cristo tiene los ojos entrecerrados porque no es un dios que juzgue. No mira quién hemos sido ni de dónde venimos, porque no somos y nunca seremos nuestros errores, por muy grandes que hayan sido. Él mira y ama a través de nuestros ojos y no quiere nunca intimidarnos. Su boca está medio abierta, como la de quien susurra, como quien sonríe. Su voz, su Palabra, solo es perceptible en el silencio. Un silencio que es encuentro, relación, estar uno ante el otro, como dos que se aman... porque estar ahí es la palabra más hermosa. Las orejas que se entrevén entre sus cabellos indican que está a la escucha de lo que cada cual quiera confiarle, mientras el viento, que los despeina, señala la profunda libertad del Espíritu, que sopla donde quiere y traza senderos y caminos donde nunca habríamos podido imaginar.

Es la puerta del corazón del otro, que se nos pide atravesar con delicadeza, de puntillas, con temor y con pasión; esperando con paciencia en el umbral, para que sea el otro quien decida cuándo dejarnos entrar. Solo entonces podremos atravesar esa puerta y todas las que vengan después. No antes.

El tiempo para quien espera
no está acompasado por días
o por el paso de las horas.
El tiempo de la espera se mide en latidos,
movimientos del corazón,
impulsos exagerados y frenadas repentinas.
Suelen ser impacientes y frenéticos,
a veces lentísimos
para no estropear la sorpresa,
y otras veces interminables y lacerantes,
como una herida que ya no puede curarse.
Es el tiempo del deseo
y de la rendición de cuentas,
el tiempo de la danza
y de la alegría incontenible,
y también el del tamiz.
Es el tiempo de la resistencia y de la capitulación,
de los ojos húmedos de emoción
y de los llenos de llanto por el dolor.

Es tiempo suspendido entre el ya y el todavía no.
Es tiempo soñado.
Suspendido como una hoja a una rama,
como una llama al pabilo.
Y yo me quedo aquí, esperando tu regreso,
porque también el desierto tiene derecho
a su espera.
Basta con que alguien le recuerde
que todavía es capaz de florecer.

Un Dios «paciente» de nuestros dolores

Es en Jesús, en su humanidad, tan escandalosamente similar a la nuestra, donde Dios se revela y se deja narrar. A Dios se le puede encontrar en la carne del Hijo amado, cercano a todos los seres humanos, «al alcance de la mano».

Dios, en Jesús, camina incansablemente por ciudades y pueblos, y, con infinita paciencia, sin prisa alguna, se inclina sobre los enfermos; escucha e instruye a las multitudes que se amontonan en torno a él por todas partes; «pierde», literalmente, su tiempo con todo aquel que necesita una palabra de esperanza y de fe. Como la madre que dedica su tiempo a enseñar los primeros pasos a su hijo, como el tiempo «inútil» que se dedican los enamorados, como el campesino que cubre de paja sus plantas para que no sufran el frío.

Nuestro Dios es un Dios peligrosamente inclinado hacia nosotros, está de nuestra parte, hasta tal punto que carga en su carne con todas nuestras dolencias y enfermedades, con nuestro distanciamiento y nuestro pecado. Hasta tal punto que se deja crucificar y muere por amor.

En su etimología latina, el término «paciencia» tiene una relación «incómoda» con el padecimiento, el sufrimiento, el soportar. El profeta Isaías describe al siervo del Señor como el gran Paciente del dolor humano, «despreciado, desecho de la humanidad, hombre de dolores, avezado al sufrimiento» (Is 53,3). Y Pedro, haciéndose eco del profeta, escribe en su primera Carta: «Él, que llevó en su propio cuerpo nuestros pecados sobre la cruz para que, muertos para el pecado, vivamos para la justicia: *por sus heridas hemos sido curados*» (1Pe 2,24).

Cuando, en Cuaresma, hace unos años, coloqué junto al altar una simple cruz de madera incrustada en un tronco, muchos me hicieron observar que estaba inclinada hacia adelante, que podía caerse en cualquier momento. Y, sí, la aspereza del tronco, difícil de tallar, había hecho que la cruz se inclinara hacia adelante, en un peligroso equilibrio inestable, pero precisamente esa inestabilidad iluminó, para mí, el misterio y el escándalo que cuentan esos pobres maderos. Un Dios peligrosamente inclinado en el abrazo exagerado de la cruz, que nos sale al encuentro mostrando sus heridas, porque no teme hacerse nuestro hermano incluso en el fracaso. Un Dios que no es rígido, no se mantiene al margen y no se cierra, sino que se inclina peligrosamente hacia el amor. Porque no podemos amar sin inclinarnos, manteniéndonos a distancia y apartados de la batalla. No podemos amar revestidos de nuestras comodidades y de nuestras seguridades, tras esas máscaras que nos ponemos para complacer a los demás o engañarnos a nosotros mismos. Para amar hay que estar desnudos y desarmados.

Por eso Dios está en la cruz desnudo, desarmado como el amor que lo ha llevado hasta ese madero infame, castigo reservado a los blasfemos y a los peores de entre los seres humanos. La desnudez es el tesoro de los débiles que no tienen miedo de serlo, que no se avergüenzan ni se jactan, porque saben que en ella se manifiesta plenamente el poder de Dios. Y Dios, al entrar en el mundo, decide habitar la precariedad y la finitud de nuestra carne, decide vestirse con nuestra desnudez, asumir nuestra debilidad. «Se anonadó a sí mismo», «no consideró como codiciable tesoro el mantenerse igual a Dios» (Flp 2,7.6), para que nadie tuviese ya miedo de él, para que no nos equivocásemos más sobre él. Dios está desnudo, con la misma desnudez de Adán cuando paseaban juntos en la brisa de la mañana, codo con codo, sin temor alguno. Con la desnudez de los pequeños y los pobres, que saben que son recibidos en las manos de Aquel que viste de belleza los lirios del campo y se ocupa de ellos. Con esa desnudez que no se avergüenza nunca de aquello que le falta, de su necesidad, sino que hace de ella un espacio de acogida incondicional, en el que descubrirse íntimamente amada.

Desnudo está el niño recién nacido, desnudos los amantes, desnudo el Cristo sobre la cruz. Quien cree se despoja, se desnuda, parece anonadarse mientras se reviste de pasión amorosa, para que aparezca, en su más completa desnudez, la verdad en su más apabullante debilidad. Amor y debilidad son inseparables, porque el amor vence al temor, mostrándose al amado en su más completa debilidad. Dios está desnudo, alzado, paradójicamente atractivo en su entrega hasta la sangre. Desarmado, escandalosamente diferente a como lo esperamos, sencillo y alejado de las lógicas que tenemos sobre él. Ahí está Dios: desnudo, vulnerable y vulnerado, clavado a un abrazo e incapaz de defenderse, ternura inaudita, sobreabundante, por toda carne, exceso de vida entregada sin reserva, gracia inmerecida, inagotable, paciencia infinita, hermano en la dificultad y en el fracaso. Para todos, para siempre.

Es verdad que habría podido dar marcha atrás, bajar de esa cruz, como le dijeron que hiciera los líderes del pueblo, hacer una demostración de fuerza, como la multitud habría querido ver; pero nada, nada de todo de esto. Este Dios no desciende del patíbulo, solo podemos sacarlo de allí muerto. Este Dios no da marcha atrás, aun arriesgándose a hacer creer a todos que él es el enésimo de los fracasados, uno de tantos que engrosa las listas. Este Dios, en su paciencia y en su insensata obstinación a permanecer clavado en la cruz, nos recuerda que nada de nosotros le es extraño, ni el dolor más grande o la caída más violenta. Nos enseña que, aunque hayamos sido engañados o traicionados, no podemos renunciar a amar. El amor no se puede contener ni frenar, porque es exagerado, excesivo, contagioso por naturaleza. No se puede sofocar la esperanza ni redimensionar los sueños, ni siquiera cuando parece que todo se desmorona ante nuestros ojos. No se puede sufrir para siempre. El sufrimiento tiene un tiempo, y más allá de él ya no se puede estar sobre la cruz. Desde el mediodía hasta las tres de la tarde (cf Mt 27,45) es el tiempo necesario para florecer, allí donde nos encontremos, tal como nos encontremos. Sí, porque la cruz, aun siendo un madero seco, sin raíces, puede realmente florecer, y puede hacernos florecer a nosotros, si tenemos el valor de permanecer colgados en ella, sin huir. Permanecer, cruzar hasta el fondo, dejarse atravesar por la experiencia del dolor, hasta que este nos transforme en luz. «Tampoco las tinieblas son tinieblas para ti, ante ti la noche brilla como el día» (Sal 139,12), porque tú, Dios, habitas nuestras tinieblas y las llenas de tu presencia. Y las heridas germinarán, las lágrimas gotearán de luz, el sufrimiento y el dolor se abrirán en un abrazo. Y seremos dados a luz a la vida que no tiene fin

71

y daremos a luz nosotros mismos el futuro del mundo, generado por el amor y que solo con amor podrá salvarse.

Me quedo como un árbol al que le han arrebatado las hojas, un esqueleto que a los ojos de todos parece inútil, o incluso muerto. ¿Y si tuvieran razón? Quizás ya esté muerto de verdad, pero este dolor que desgarra el corazón y las entrañas me devuelve a la realidad.

Aún estoy vivo, aunque las apariencias digan lo contrario. Me gustaría desaparecer, pero me quedo, me quedo. Clavado a esta desnudez vergonzosa, humillante. Estoy expuesto, vulnerable, a merced de todos.

¿Y dónde estás tú? ¿Dónde te has escondido? ¿Por qué me has dejado solo? Es culpa tuya si ahora yo estoy así, si he llegado hasta este punto. Me has dejado sin hojas ni flores ni frutos. Has permitido que me lo quitaran todo. Soy solo un esqueleto: ramas secas e inertes, elevadas hacia ese Cielo que ahora está cerrado para mí, que no responde a mi grito.

¿Dónde estás? ¿Por qué me has dejado solo? Podía esperarme esto de todos, pero no de ti. ¿Dónde se acabó tu fidelidad y tu amor de antaño? Has eliminado el recuerdo de mí, de nosotros. Estoy como muerto. Estoy acabado.

Quien me mira me hiere, me reduce a un objeto y me hace sentir mal y fuera de lugar, porque nadie sabe mirarme como tú. Tus ojos eran todo mi mundo. Pero me has vuelto la espalda y para ti ya no existo.

72

Tengo frío. Es un hielo insoportable el de tu ausencia. Siento que se rompe cada fibra de mi ser, se pliega hasta casi romperse, hasta romperme por dentro.

Percibo un escalofrío, un hormigueo, una insólita y repentina sensación parecida al calor. Siento un peso insoportable, golpes de martillo y clavos clavados. Es el fin. Ese calor que sentía ahora me atraviesa, se hace camino entre mis venas en regueros de rojo escarlata.

«¿Dónde estás? ¿Por qué me has abandonado?», grité mucho tiempo sin obtener respuesta. Y tú estabas por encima de mí, muy cerca de mi dolor. ¿Cómo pude no darme cuenta?

Solo sentía el peso insoportable, pero no comprendía. Pero ahora lo sé. Yo era tu cruz y tú mi Señor.

¿Por qué me has abandonado?

En la experiencia de las dificultades y el sufrimiento que irrumpe en nuestra vida, con frecuencia de manera repentina, como un rayo en un cielo sereno, que nos sacude por dentro y por fuera, y desbarata nuestros planes y prioridades (incluso los más consolidados), hay algo más doloroso que el sufrimiento en sí. Es la soledad a la que nos obliga, el miedo que se convierte en grito, que pide cuentas de su huida a un Cielo que parece estar irremediablemente vuelto de espaldas y cerrado. Yo he vivido muchos momentos difíciles en mi vida, sufrimientos que me han marcado, como la muerte de mi padre cuando tenía dieciséis años; pero, sobre todo, en mi vida como sacerdote, una y otra vez, me he encontrado frente a la enfermedad y la muerte de personas queridas, hombres y mujeres llenos de vida y dispuestos a luchar hasta el último aliento.

Era Nochebuena cuando, tras la enésima llamada de teléfono de su pareja, tuve que armarme de valor y mirar de frente la realidad. Mi amiga Nico, mujer fuerte y enérgica, jovial y divertida, madre de dos maravillosos niños, estaba a punto de terminar su recorrido. Yo temía aquel día y sabía que llegaría, pero no pensé que pudiese llegar tan rápido. En cuestión de semanas, aquella terrible enfermedad que Nico llevaba dentro se la llevaría. Al acabar la misa fui a verla. En casa todos lloraban como si hubiese muerto ya, y a mí también me costaba contener las lágrimas. Entré en su habitación y la encontré en la cama, destrozada, reducida a «piel y huesos», por esa enfermedad que sin embargo no había podido arrebatarle la fuerza para luchar y su sonrisa. Lo primero que me dijo fue: «¿Cómo estás?». Tendría que habérselo preguntado yo, pero me daba vergüenza hacerlo. Traté de contestarle con un raquítico «Muy bien», apretando los dientes, pero los ojos se me llenaron de lágrimas. Nico me preguntó el motivo de esas lágrimas: «¿Es que también tú crees, como todos los demás, que ha llegado mi fin?». Respondí con un «No» seco y enfadado. Me tomó la mano y la apretó con toda la fuerza que le quedaba y, con la solemnidad de quien pronuncia sus últimas y más importantes palabras, me dijo: «Pide a Dios que no me deje sola cuando llegue el momento. Me da miedo la soledad, me da miedo la muerte. Te encomiendo a mis hijos».

Salí de la habitación con un peso enorme encima, mientras las personas que estaban allí miraban mis ojos llenos de lágrimas y se preguntaban qué habría ocurrido en aquellos escasos minutos, qué era eso tan importante

76

que me había dicho Nico para pedir con insistencia que me llamaran. La noche de Navidad, tras la misa, con la procesión del Niño Jesús me detuve bajo su ventana. Solo después me enteré de que precisamente a esa hora Nico se había dormido para abrir sus ojos a la eternidad. Dios había escuchado su petición y había cumplido su palabra.

Quien está familiarizado con la madera sabe que es una materia viva, que no acepta generalizaciones. No existe la madera en abstracto: existe el olivo, el castaño, el cerezo, el tilo, el nogal. La madera remite inmediatamente a su procedencia, nos conecta con el mundo de la naturaleza, con sus ritmos y sus estaciones. «Para hacer madera hace falta un árbol», decía una vieja canción, una de esas que me cantaba mi padre para que me durmiera. Así, la madera, cualquier tipo de madera, puede contar una historia: la historia de una semilla que alguien arrojó a la tierra o que, sencillamente, el viento transportó hasta hacerla caer en un terreno que la recibió. Es la historia de una gestación, de una transformación acontecida lejos de miradas indiscretas, en secreto, y que, en el tiempo oportuno, se asoma en el terreno. Es la historia de una plantita que desafía las condiciones adversas, que resiste, en su debilidad; que crece con esa lentitud propia de la misma naturaleza y, poco a poco, se fortalece, hasta extender sus ramas, que, en el momento adecuado, se llenarán de brotes, y de flores, y de frutos. Luego llega la poda, que permite al árbol dar más fruto. Es verdad que para el árbol no debe ser agradable verse privado de algunas de sus ramas, despojado hasta sentirse desnudo e impotente bajo los helados inviernos. Pero todo árbol sabe que el invierno, por interminable que parezca, dará paso a una nueva primavera. Luego llega también un momento en la vida de todo árbol que parece ser el fin, cuando el hombre lo tala, lo abate, para obtener madera. Madera para construir, para fabricar mesas o sillas o armarios; madera para tallar y elaborar herramientas y objetos; madera sobre la que pintar o, sencillamente, leña que quemar para calentarse. Quien está familiarizado con la madera la reconoce, antes incluso de verla, por el mismo aroma que emana, por su rugosidad y nudosidad al tacto. ¿Buscas a alguien que se haya criado en un taller, en medio de los más diversos tipos de madera, hasta llegar a oler, él mismo, a resina y a serrín? Pues así fue Jesús de Nazaret, más conocido como «el hijo del carpintero». A sus contemporáneos les bastaba llamarle así para referirse a la vergüenza que les provocaba, al escándalo que suponían para ellos sus extrañezas, su predicación, para la que no estaba acreditado, sus gestos y sus palabras, tan molestamente libres. Había llegado a proclamarse a sí mismo «Hijo de Dios» cuando en realidad tenía, al menos para la mirada social, un padre, que era José, el carpintero. José,

78

conocido por su maestría en el trabajo de la madera, por su habilidad para arreglar cosas (e incluso situaciones) consideradas irremediablemente rotas, era demasiado bueno, tanto que parecía tonto. Había tomado como esposa a una tal María, que llevaba en su vientre a un hijo «bastardo», o al menos eso es lo que se rumoreaba.

Una historia desagradable, como desagradable fue el final de aquel hijo suyo. Él, que se creía Hijo de Dios, los líderes del pueblo lo entregaron al gobernador Pilato como un enemigo de Roma para que lo crucificara. No hay muerte más horrible que esta, la peor de todas, la más ignominiosa, tanto que está reservada a los peores criminales y a los blasfemos. Y precisamente se trataba de esto: de un tipo blasfemo que, hecho pedazos, entre golpes, azotes y violentas caídas, seguía repitiendo con obstinación, incluso con su silencio, que él era verdaderamente el Hijo de Dios. Cargando con el madero de la cruz, para ser conducido hasta el lugar de la ejecución, parecía estar abrazándolo, aunque su peso y las vejaciones de los soldados lo derribaban al suelo. Cuando, más tarde, llegó a su destino, se dejó clavar, desnudo como un gusano, a ese madero infame y, en lugar de insultar y maldecir, perdonaba a todos y justificaba incluso a sus verdugos. Aquel loco no dejó de preocuparse de los demás hasta el final, en lugar de salvarse a sí mismo y hacer su milagro más asombroso, descender de la cruz. No, no hizo nada

79

de eso. Tan solo dio un grito, con ese poco aliento que aún le quedaba en el cuerpo: «Padre… se ha cumplido» (cf Jn 19,30). Ante la mirada distraída, indiferente, de los que pasaban por ahí, aquello parecía el final de un pobre desgraciado, de un idealista, de un soñador. Ese Padre del que tanto hablaba, aquel día ni se veía ni se escuchaba. No vino nadie a bajarlo de la cruz hasta que estuvo muerto. Solo un ensordecedor e incómodo silencio de parte del Omnipotente. Quien está familiarizado con la madera lo sabe. Su olor no puede olvidarse, ni tampoco el contacto personal con ella. Y Dios estaba ahí, escondido entre dos tablas de madera cruzadas. Colgado en ese árbol sin raíces y, por tanto, destinado a secarse. Dislocado, hasta casi desgarrarse la carne, para abrazar todo el horizonte.

De José el carpintero se sabe poco o casi nada. No sabemos dónde estaba cuando Jesús comenzó a predicar, podemos imaginárnoslo en Nazaret, atareado entre la casa y el taller, dedicado, como siempre, a sus ocupaciones habituales. Cuando un hijo se va, es tarea del padre mantener la casa abierta para el día en que el hijo decida volver. Y quizá Jesús lo había hecho, varias veces, como hacen todos los hijos. Lo cierto es que, mientras la vida abandonaba el cuerpo torturado del Crucificado, aquella áspera madera sobre la que su carne estaba clavada, con ese aroma característico tan familiar a un carpintero, fue como una caricia, un último abrazo. El de su padre José.

El día de San Esteban celebramos el funeral de Nico, uno de los días más difíciles de mi vida y de mi ministerio. Apenas conseguía pronunciar una frase y tenía que parar. Casi no podía continuar. Las lágrimas, la rabia y el dolor que sentía se habían desbordado y brotaban incontenibles. No me daba vergüenza ni pudor llorar y sollozar delante de todas aquellas personas. Ese dolor me estaba transformando y me enseñaba qué significa creer con los ojos humedecidos. Al final de la misa traté de dar voz a lo que tenía dentro, a la rabia, al dolor y también a la gratitud. Quizá estas palabras, algún día, puedan ser también tuyas.

¡Oh, Señor de las oraciones no escuchadas,
Señor de las oraciones olvidadas!
Señor de las oraciones ahogadas por el llanto,
Señor de las oraciones gritadas
sobre una almohada en mitad de la noche.
Señor de las oraciones sinceras,
apenas susurradas con el poco aliento
que queda en la lucha,
insistentemente dirigidas
a un Cielo vuelto de espaldas.
Señor que pareces no oír,
no hablar y no ver.
Señor que no nos salvas
del sufrimiento ni de la muerte,
sino en el sufrimiento y en la muerte.
Señor que no haces los milagros
que esperamos.

Señor que no disipas
nuestras tinieblas,
nuestras enfermedades, sino que las habitas
en el frágil esplendor de tu condición de hombre
como nosotros y Dios para nosotros.
Tu silencio ante la muerte
me hace daño y me indigna.
Estoy enfadado, Señor,
porque la muerte es injusta
y llega siempre demasiado rápido.
Pero luego te miro, frágil e impotente
niño en este pesebre,
clavado por amor en tu cruz.
Y desde ese madero infame me recuerdas
que el verdadero milagro es sentir
el dolor de los demás como nuestro, hasta el final.
Y no dejar solo a quien se ve azotado
por el sufrimiento y las dificultades de la vida.
Tú, inerme y frágil como cada uno de nosotros.
Tú, crucificado en toda carne crucificada.
Señor de las oraciones no escuchadas,
no me escuches.
Me basta con que estés,
que estés siempre conmigo,
Dios, a mi lado.

Lo importante es estar

La paciencia, entendida como virtud del cristiano, asume en el Nuevo Testamento diversas perspectivas. En la Carta a los Hebreos leemos, en el capítulo 11, que la paciencia se manifiesta en el «permanecer firmes» que brota de la fe.

«Por la fe [Moisés] huyó de Egipto sin temor a las iras del rey y se mantuvo firme como si viese al invisible» (Heb 11,27). Permanecer firmes incluso cuando no hay apoyos, incluso en la noche más oscura, en medio de la tempestad, azotados por el enfurecido viento o por la violencia de las olas. Permanecer firmes como si viésemos al invisible, como cuando el horizonte parece haberse desvanecido de nuestra vida y nos cuesta imaginar incluso la existencia. Permanecer firmes en la dificultad, haciendo que el corazón supere los obstáculos, armados únicamente con la fe, aferrándonos con todo lo que tenemos a la esperanza de que la ayuda no tardará en llegar, de que nuestro grito no quedará sin respuesta.

«Permanecer» es la forma más hermosa que conozco para conjugar el verbo *amar.* Un verbo que necesita paciencia, perseverancia, en otras palabras: fidelidad.

Pero fidelidad no significa aferrarse a uno mismo, no es aprisionarse dentro de una historia de amor, sino precisamente lo contrario. Es permanecer fieles a nosotros mismos, a la vida, a un sueño, para ser de verdad libres. Con frecuencia quien permanece es más libre que quien huye ante el primer obstáculo. La fidelidad es resistente y paciente y está atenta a todo lo que ocurre fuera y dentro de nosotros. Creo que por eso Dios nos pide que permanezcamos en él, aunque no lo comprendamos, aunque queramos alejarnos de todo y de todos, e incluso de nuestra vida, que a veces parece no ser la que desearíamos. Permanecer, ser fieles, requiere tiempo. Son los pasos lentos del amor los que hacen hermosa nuestra vida. Quien permanece no tiene la prisa de decidir, no tiene miedo escénico, no se preocupa por tener que resolver a la fuerza todos los problemas, sino que sabe esperar. De modo que permanecer es saber esperar que algo hermoso, bueno y auténtico suceda; quizá esté ya ante nuestros ojos, delante de nuestra nariz. La fidelidad se aprende, no se sufre. Ha de ejercitarse. Fidelidad es estar ahí y decir: «Aquí estoy», sin prepotencia, sin intermitencia. Es decir: «No voy a huir». Permanecer no es, ciertamente, soportar, sucumbir ni hacer de tripas corazón, sino todo lo contrario. Es permanecer injertados en el amor, en equilibrio, con atención, con cuidado, apasionadamente. Porque hay que vivir lo imposible para disfrutar de lo posible, hay que vivir el sueño para que se haga realidad, hay que apuntar a lo alto para comenzar desde abajo. Fieles a la vida, a lo cotidiano, al asombro, al amor que sucede y vence todo miedo.

Además, la paciencia se alimenta de la oración, como nos recuerda Pablo en su Carta a los romanos: «Alegres en la esperanza, pacientes en los sufrimientos, constantes en la oración» (Rom 12,12). Porque la oración habla de relación, de diálogo. La paciencia necesita un «tú» que se haga cercano y se aproxime a nosotros, como el ángel que despertó a Elías de su sueño sin sueños, mientras huía, decidido a terminar con todo. Ese ángel, en realidad, lo único que hace es acercarse a Elías, que trataba de huir de quienes le perseguían y quizá incluso de sí mismo, y devolverle esa fuerza que ya no creía tener. Se hace cercano a él y le anima a comer, a alimentarse para poder ponerse de nuevo en pie y reemprender el camino (cf 1Re 19,4-8).

Paciencia y perseverancia son, como hemos dicho ya, los rostros de la misma esperanza, los pies sobre los que la esperanza camina a lo largo de nuestros senderos. «Perseverad en la oración, siempre alerta y dando gracias a Dios» (Col 4,2). Perseverar y velar en la certeza de que ninguna noche es infinita; por tanto, en lugar de maldecir la oscuridad, aprendamos a dar gracias.

«Non nisi in obscura sidera nocte micant». Solo en la noche oscura brillan las estrellas. Esto escribió san

Benito en la gruta donde se retiró como eremita. Y creo que, en esta época, como en toda época, el cristiano está llamado a atravesar la noche, las interminables noches del género humano, transformándolas en ocasiones para aprender a ver el alba en el anochecer, la luz en la oscuridad. Porque hoy más que nunca necesitamos centinelas, profetas, visionarios, y no gente que se limita a hacer una fotografía implacable de la realidad. Necesitamos quien asuma la responsabilidad de esperar también por quien ha dejado de hacerlo desde hace tiempo. Puede que nuestra tarea sea lograr interceptar todo lo que brilla en medio de esta oscuridad. Sería bonito volver a comenzar desde aquí, reconectándonos a esa parte más auténtica de nuestra condición de seres humanos a imagen del Creador. Volver a partir desde aquella chispa divina que, para decirlo con Dante, nos permita «transhumanar», es decir, ir «más allá de lo humano», para desenterrar en nosotros toda la luz que nos habita y que el mundo necesita para vivir.

Y me vienen a la mente las palabras que Etty Hillesum escribió en su diario, palabras de una actualidad y una profecía sin precedentes:

Son tiempos angustiosos, Dios mío. Anoche fue la primera vez que permanecí en vela en la oscuridad y con los ojos que me ardían mientras pasaban ante mí, una tras otra, escenas de sufrimiento humano. Te prometo una cosa, Dios mío, una pequeña cosa simplemente:

86

voy a tratar de no cargar el día de hoy con el peso de mis preocupaciones sobre el futuro, pero para esto necesito cierta experiencia. Cada día tiene su propio afán. Intentaré ayudarte, Señor, para que no me abandones, pero no puedo asegurarte nada por anticipado. Solo hay una cosa que es para mí cada vez más evidente: que tú no puedes ayudarnos, que debemos ayudarte a ti y así nos ayudaremos a nosotros mismos. Es lo único que tiene importancia en estos tiempos, Señor: salvar un fragmento de ti en nosotros. Y quizá podamos ayudar a descubrirte en los afligidos corazones de otras personas. Sí, Dios mío, no parece que puedas hacer gran cosa para cambiar las circunstancias, forman parte de esta vida. No te pido responsabilidades, somos nosotros los que tendremos que responder ante ti algún día. Y con cada latido de mi corazón tengo más claro que tú no nos puedes ayudar, sino que debemos ayudarte nosotros a ti y defender hasta el final el lugar que ocupas en nuestro interior[3].

Quédate conmigo incluso
cuando yo quiera huir de mí mismo.
Quédate conmigo cuando el miedo
parezca tener
más argumentos que la confianza.
Quédate conmigo cuando la noche
parezca no querer terminar
y mis ojos sean incapaces de ver el sol
y disfrutar de su luz y su calidez.

---

3. E. HILLESUM, *Una vida conmocionada. Diario 1941-1943,* Anthropos, Barcelona 2007, pp. 142-143 [traducción modificada].

Quédate conmigo cuando me engañe
pensando que puedo lograrlo yo solo,
que me basto a mí mismo.
Quédate conmigo incluso cuando
te pongo en la puerta y,
por exceso de orgullo, no soy capaz de admitir
cuánto te necesito.
Quédate conmigo aun cuando cometo errores,
cuando me doy prioridad a mí mismo,
cuando no soy amable
y prefiero lamerme las heridas
en vez de agarrar tu mano tendida.
Quédate conmigo
mientras todo lo demás se derrumba
y ya no encuentro sentido,
cuando la resignación arrebata
el aliento a los sueños,
cuando los errores y los resentimientos
parecen sofocar el entusiasmo
y la certeza de poder volver a empezar.
Quédate conmigo,
porque solo tú me eres necesario,
porque sin ti no soy nada.

Perseverar unidos…

Una de las características de la primera comunidad cristiana que el evangelista Lucas resalta en el libro de los Hechos de los Apóstoles es precisamente la perseverancia, en respuesta a la fidelidad de un Dios que, después de haberse puesto literalmente en las manos de esos hombres toscos e inseguros, que no tardaron en traicionarlo y darse a la fuga, todos, ante el escándalo de la cruz, ahora, después de haber ascendido al Cielo, les confía a ellos el destino de su propia misión evangelizadora.

Sí, ahora el Evangelio solo cuenta con los pies de los seres humanos para llegar hasta los confines de la tierra, con nuestra boca para ser anunciado a todos y, sobre todo, nuestras manos y nuestro corazón, para que sea creíble el anuncio y, por tanto, creído.

Es cierto que los acontecimientos de la Pascua pusieron de manifiesto todos los defectos y numerosas deficiencias de esa extraña comunidad compuesta de personas improbables, esas que a nadie se le ocurriría poner juntas. Y sin embargo el Maestro había apostado por ellos, y además los había enviado en misión delante de él, les había dado todo el poder, se había entregado, literalmente, a esa extraña «pandilla», que, a pesar de todo y de todos, e incluso de las persecuciones, crecía desmesuradamente.

En uno de los llamados «sumarios», Lucas nos deja una instantánea de esta primera comunidad, un retrato hecho con pocas y esenciales pinceladas y, con apenas dos adjetivos, nos ofrece el secreto de esa primera «cuadrilla» de Iglesia: «Todos ellos hacían constantemente oración junto a las mujeres, con María, la madre de Jesús, y con sus hermanos» (He 1,14). Unas pocas y esenciales indicaciones nos devuelven el auténtico rostro de la comunidad cristiana: perseverantes, constantes y juntos. Y luego, para velar por la unidad de ese pequeño rebaño está ella, María, la madre de Jesús. Ella es el «aglutinante» de la comunidad, ayer igual que hoy. Alrededor de ella –la única que mantuvo encendida la esperanza en la noche más oscura del mundo– los discípulos se reúnen, perseverantes, constantes, en la oración. Es de ella que los discípulos aprenden las exigencias del amor, esa fidelidad que no se improvisa porque no es expresión del sentir de un momento, sino que se desarrolla en el terreno del tiempo prolongado. El amor y, por tanto, la fidelidad que requiere, no tiene nada que ver con la prisa por obtener un resultado, sino con la lentitud, con la disponibilidad para hacer un hueco al otro dentro de nosotros,

90

para dejarnos conducir sin pretender establecer nosotros la hoja de ruta.

En esto María es maestra y modelo para todo discípulo que quiera tomarse en serio el Evangelio. Ella, con su *sí*, dio carne al Hijo de Dios, pero antes incluso, como verdadera discípula, se dejó literalmente moldear por su Palabra, y nos enseña que no hay nada más sólido que la perseverancia. Un *sí* que no dijo una vez para siempre, sino que pronunció cada día, en repetidas ocasiones, en días serenos, pero también en medio de la borrasca, con la sonrisa en los labios o con los dientes apretados. Cuando todos habían huido y habían ido a esconderse por miedo a compartir el mismo fin que su Maestro, ella estaba ahí, bajo la cruz, firme en su fe. Pero no podemos pensar que todo fue fácil para ella. También María vivió la experiencia del desierto, habitando su vida, recorriendo su misión de mujer y madre, en la esencialidad más abrumadora, carente de apoyos «extraordinarios», de ángeles y de visiones. María, como también el pueblo de Israel al que pertenece, caminó, peregrina en la fe, a través del desierto cotidiano, dentro del cual aprendió a comprender de nuevo su identidad y su misión de Madre del Hijo de Dios, dejándose moldear por la escucha y «juntando» en su corazón los pedazos, las palabras y los encuentros.

Esta experiencia del desierto, para ella, se encuadra en dos eventos, dos anunciaciones, una más desconcertante que la otra. En la primera Dios le pide que permita que le trastoque los planes, que haga un hueco en su sueño de mujer, esposa y madre, para acogerle a él, hasta darle carne en su carne. En la segunda Dios exagera todavía más. Ante los ojos de María está la carne torturada de su Hijo, clavado al más infame de los patíbulos. Ese Jesús que también fue el suyo, ese Jesús a quien le había costado tanto comprender y, literalmente, seguir; ahora, antes de expirar, le pedía que dilatara su maternidad hasta acoger en su vientre a todos, pero a todos de verdad: buenos y malos, crucificados y crucificadores.

Y por eso la encontramos presente en la primera comunidad, mientras, junto a los hermanos de su Hijo, espera orando el don del Espíritu. Ella, que con su belleza había atraído al Espíritu sobre sí y, dócil, se había dejado cubrir por él. Ella, que, al acoger en su interior el poder que venía de lo Alto, se había dejado fecundar por él, dando a Dios una casa entre los pliegues de su humanidad. Ella, que vio actuar al Espíritu en las obras realizadas por su Hijo y, con premura materna, adelantó su Hora en las bodas de Caná. Ella, que de labios de Cristo agonizante escuchó, en su último aliento, las primicias del don pascual. Ella, precisamente, no podía faltar el día de Pentecostés. Fue ella, con su simple estar en medio de ellos, con su sola presencia, la que atrajo una vez más al Espíritu Santo, la que intercedió por los discípulos de su Hijo, de quienes se convirtió en madre a los pies de la cruz. Y a partir de ese día fue así. La Madre estaría en medio de ellos, junto a los hermanos de su Hijo. No se distanció de aquellos que habían traicionado y abandonado a Jesús. Permaneció con los discípulos y con quienes, después de ellos, continuaban reuniéndose para recibir fuerza de lo Alto y aprender armonías que sintonizaran la diversidad. Para siempre.

Es mirando a María como aprendemos la perseverancia que sabe ser paciente, porque confía en Dios, y que no presume de saberlo todo o de tenerlo todo bajo control. La perseverancia que no busca visibilidad y escenarios, sino que ama la discreción y la vida oculta que edifica lo cotidiano y crece, como semilla en el campo, sin hacer ruido, sin clamor alguno. La perseverancia que no cede a la tentación de dejar marchar, de rendirse; que no busca fáciles acomodaciones y evita la rutina y la falta de motivación, sino que se practica en el terreno de la humildad y en la laboriosidad industriosa del amor.

Entonces nos preguntamos: ¿es legítimo cansarse, sentir todo el peso de nuestra insuficiencia ante los retos del día a día y de la llamada misma de Dios? Claro que es legítimo y, sobre todo, humano cansarse. El esfuerzo que hacemos para corresponder a los dones de Dios, el empeño que ponemos y que a veces parece inútil, sobre todo cuando no alcanzamos los objetivos esperados, deben recordarnos que es precisamente ahí donde se esconde el tesoro. Allí donde se exige más esfuerzo, hay más amor. Y por impopular que pueda resultar ante los ojos del mundo, el sacrificio es y será siempre el traje más hermoso y más precioso del amor, aunque en contacto con nuestra piel nos parezca áspero y urticante. La perseverancia, además, nos recuerda que es posible el «para siempre», aunque nos sintamos inadecuados, aunque nos dé vértigo solo de pensarlo. Ningún científico, matemático, teólogo ni amante puede poner la mano en el fuego por el «para siempre», y sin embargo eso es lo que todos deseamos y nos atrevemos a llamar por su nombre: felicidad.

En este tiempo nuestro, en que solo cuentan las respuestas inmediatas, los resultados rápidos obtenidos con el mínimo esfuerzo, necesitamos aprender a invertir a largo plazo en aquello que no se compra en ningún sitio y que requiere tiempo y cuidados para crecer: las relaciones. Es el tiempo de la lentitud el que debemos recuperar, el tiempo «perdido» de la ternura del que debemos reapropiarnos. Sin prisas, como la semilla que sabe esperar el momento de germinar o los árboles que cuidan los primeros brotes bajo las heladas del invierno.

Cuando era pequeño ir a casa de mis abuelos era una auténtica fiesta. Quizá porque me entusiasmaba pasar la noche fuera de casa, o porque, además, los abuelos siempre te consienten y te miman. Recuerdo que a menudo en casa faltaba el agua y la abuela se las arreglaba como podía con barreños y cacerolas para tener reservas. Mis abuelos se llevaban bien, no recuerdo haberles visto nunca discutir. Pero lo que más me impresionaba era que mi abuelo, cuando algo no iba bien, comenzaba a recitar una larga lista de santos de verdad o simplemente se los inventaba espontáneamente, en el calor del momento, y les pedía explicaciones. En otras palabras, tenía una blasfemia lista para cada santo del calendario. Mi abuela era muy creyente, y no podía soportar la blasfemia, pero como era imposible hacer razonar al abuelo cuando estaba enfadado, se le había ocurrido otra solución. En cuanto su marido empezaba a blasfemar, ella llenaba el fregadero de agua con abundante jabón y se ponía a lavar los platos. Ninguno de nosotros sabía el motivo de ese extraño ritual de la abuela, pero lo que observábamos todos era que aquel lavado de platos, cubiertos, cacerolas y vasos duraba siempre una eternidad. Y solo lo interrumpía cuando el abuelo parecía haberse callado.

En cierta ocasión la tubería del fregadero se atascó inexplicablemente, y no se podía arreglar, así que hubo que llamar al fontanero. Cuando el fontanero sacó la manguera y vertió su contenido en un cubo, con gran sorpresa de todos encontramos, en medio del agua sucia, el rosario de la abuela, su inseparable compañero. Solo entonces comprendimos por qué tardaba tanto en lavar los platos. Mi abuela escondía, entre los platos sucios y el agua llena de espuma, su arma secreta. Aquella oración sencilla y oculta, en el verdadero sentido de la palabra, era su respuesta a aquel cargamento de blasfemias. Y ella no dejó nunca de orar para que él dejara de blasfemar.

Muchos años después mi abuela enfermó de Alzhéimer, hasta quedar casi como una niña, que hablaba con monosílabos y que debía ser ayudada con todo. Mi abuelo no dejaba que le faltara de nada, perdía, literalmente, todo el día para hacerla comer y trataba por todos los medios de que ejercitara el uso de la palabra. Recibían juntos la comunión en casa y –atención, atención– para volver a escuchar hablar a su Pinuzza, mi abuelo empezó a recitar el rosario, y así pasaban tardes enteras.

Es el momento perfecto para decirlo: la perseverancia de mi abuela y su oración humilde y oculta obtuvieron el efecto esperado. Mis abuelos murieron demasiado pronto como para poder verme como sacerdote, pero cuando pienso en ellos, y sobre todo en la abuela, sonrío ante la imaginación y el ingenio de aquella mujer que había escondido hábilmente el secreto de su santidad en medio del agua sucia de los platos.

Santa María, mujer de Pentecostés,
eres la vela que se hincha

con el viento del Espíritu.

Tú, que eres ligera porque eres más libre que nadie,

siempre dispuesta a dejarte llevar

por tu Señor.

Tú, cubierta por el Espíritu,

que te hizo madre del Salvador,

sigues atrayendo sobre los discípulos

de tu Hijo

la fuerza y el consuelo

que vienen de lo Alto.

Tú, ferviente en el Amor

que procede del Padre y del Hijo,

intercedes para que en nuestro corazón

se encienda de nuevo la pasión por el Evangelio

y por todos los seres humanos, amados por Dios.

Fruto del Espíritu
es la grandeza de espíritu

En el panorama del Nuevo Testamento, y sobre todo en las cartas paulinas, la paciencia se entiende como tolerancia y suele aparecer relacionada con la benevolencia y la mansedumbre. En particular, en el capítulo 5 de la Carta a los gálatas, entre el elenco de virtudes que Pablo agrupa bajo el nombre de «frutos del Espíritu», en contraposición a las «obras de la carne», encontramos el término *makrothymía*. Se trata de una palabra que indica grandeza de espíritu, magnanimidad en sentido amplio. No es casualidad que encontremos este término, junto con su verbo y adjetivo correspondientes, en la versión griega del Antiguo Testamento, más conocida como Biblia de los Setenta, para indicar que Dios olvida su ira y se muestra grande en el amor (cf Ex 34,6). Por tanto, la grandeza de espíritu es un don de Dios, la posibilidad que se nos ofrece para asemejarnos a él, y está estrechamente unida al *ágape* (cf 1Cor 13,4), ese amor que es la esencia, la identidad de Dios mismo y que no tendrá jamás fin.

Hay que abrir una brecha, una fisura en la coraza de nuestras seguridades, y permitir que Dios irrumpa en nuestra vida, para hacer maravillas con nosotros y a través de nosotros. Debemos acoger, hacer un hueco, al Espíritu del Resucitado, de manera que, como un río desbordado, rompa los diques y destruya las vallas que nos hemos construido para nuestra comodidad y protección; para que aplaste y haga caer a su paso esos muros que tan hábilmente hemos erigido entre nosotros y con Dios.

Porque el cristiano no puede conformarse con hacer lo estrictamente necesario, sino que está llamado a ser, como Dios, grande, exagerado en el amor. No tiene miedo de atreverse, de dejarse dilatar el corazón a la medida del corazón mismo de Dios; de sentir como suyos, en sus propias vísceras, los mordiscos del hambre de su hermano. Hambre de pan y de atención y ternura. Por eso quien es paciente y tolerante no teme ser diferente, sentir pasión por el mar abierto y evita toda forma de cerrazón y de intolerancia (también religiosa). No se queda solo con lo que está al alcance de su vista y no se conforma con hacer análisis sociológicos brillantes e irreprochables mientras se mantiene al margen, sin mancharse nunca las manos.

Aquí radica precisamente la grandeza de alma: en no rendirse, en resistir a pesar de todo y de todos. En desafiar los vientos contrarios y las condiciones adversas, en optar por ceder, azotados por la tempestad, y correr incluso el riesgo de quedar hechos pedazos en lugar de soltarse. Paciente y tolerante es quien se queda, a pesar de todo, agarrado con tenacidad a ese poco que basta para no perderse; que no se deja atrapar por el miedo, sino que lo reta cada día, repitiéndole que no hay nada imposible o inalcanzable. Paciente y tolerante es quien cree en el amor, quien se atreve jugándoselo todo; quien, aun teniendo motivos, no llora por sí mismo, sino que sabe llorar con quien llora y animar a quien se siente perdido.

Paciente y tolerante es quien camina a nuestro lado, en lugar de estar en el centro, y sabe tender la mano a quien no consigue levantarse más, sacudiéndole de encima todo ese polvo que durante mucho tiempo creyó que era su segunda piel, porque estaba convencido de que la vida hay que soportarla más que vivirla como protagonista. Paciente y tolerante es quien escucha con los oídos del corazón el grito de quien no tiene voz y se percata de todas las lágrimas escondidas, incluso de quienes ya no saben llorar; quien libera del chantaje de la tristeza y del miedo a quienes solo ven oscuridad en su interior y a su alrededor. Paciente y tolerante es quien se atreve a amar como Dios. Sin miedo. Nunca.

Allí donde estamos acostumbrados a ver puertas
cerradas, herméticamente cerradas,
tú abres brechas
y abres de par en par horizontes inexplorados.
Te abres paso en medio
de nuestros angostos senderos
y desciendes hasta sumergirte con nosotros
en los abismos de nuestras desilusiones.
Tú, que respiras los besos de los enamorados
y las carreras despreocupadas de los niños.
Tú, escondido en la falta de aliento
de quien busca un sentido,
una esperanza a la que aferrarse para vivir.
Tú, Señor de las transgresiones.
Tú, siempre diferente
a lo que creemos saber de ti.
Tú, que nunca estás
donde queremos encontrarte
o donde te hemos dejado.
Tú, que sabes siempre encontrarnos
y no te dejas limitar
por nuestras leyes y doctrinas.
Tú, que llevas entre los cabellos el viento de los campos
y el salitre del mar abierto.
Tú, despliegue sobreabundante
de vida y belleza.
Tú, Maestro y Señor, vives para siempre
y quieres que vivamos contigo.

El amor es paciente

Recuerdo exactamente la primera vez que leí el famoso «Himno al amor» de Pablo, recogido en la primera Carta a los corintios, en el capítulo 13. Yo era tan solo un adolescente, y aquel texto me gustó tanto que, instintivamente, lo copié en un cuaderno, como se hacía con las letras de las canciones, y me lo aprendí de memoria. Creo que hasta hoy no he vuelto a leer palabras más hermosas y auténticas sobre el amor que aquellas. No eran banales ni obvias, ni fruto de un sentimentalismo que se conforma con quedarse en la superficie en lugar de aventurarse en las profundidades del misterio.

El himno está inscrito en la estructura de la Carta con el recurso literario de la «digresión», una figura retórica que utilizan los autores para dar al lector un descanso en un discurso muy articulado que exige toda la concentración posible. Solo debe respetar una condición: mantener una relación con el tema que se está debatiendo. Indudablemente, Pablo sabe lo que hace y, con un lenguaje cada vez más trepidante, orienta la atención del lector hacia el tema central y fundamental de toda la Carta, que es el amor en toda su realidad, sin el cual, afirma el Apóstol, «no soy nada» (1Cor 13,2).

La primera característica del amor es la paciencia. El amor, cuando es verdadero, es capaz de soportar todas las dificultades, de aguantar todo peso y problema, pero, sobre todo, es capaz de aceptar al otro tal como es, sin poner condiciones previas o, peor, pretender cambiarlo. En el respeto de la diversidad y con esa sacralidad que es propia de la liturgia más solemne, como Moisés, que se descalza ante la zarza ardiendo.

No ha de sorprendernos que Pablo haya añadido este adjetivo a la palabra *ágape* antes que cualquier otro. Porque en la comunidad de Corinto, a la que está dirigida la Carta, el Apóstol tuvo que afrontar muchas dificultades por diferentes motivos, y estuvo varias veces a punto de perder la paciencia.

Los corintios envidiaban los «dones espirituales» que habían recibido algunas personas, porque, aunque eran dones recibidos por gracia, alardeaban de ellos y se consideraban superiores a los demás. Habían dividido la comunidad en bandos y cada cual tomaba partido por un grupo o por otro y por su respectivo líder. Este clima generalizado de división y discordia repercutió posteriormente en la celebración de la Cena del Señor, pues la glotonería y la embriaguez de los miembros más ricos suponían un desprecio y una humillación hacia los más pobres de la comunidad. Otra cuestión problemática era la relativa a la oportunidad de comer o no la carne destinada a los ídolos paganos, algo que escandalizaba a los que acababan de abrazar la fe cristiana. Por no hablar de los numerosos desórdenes morales y del chismorreo. Pero, aunque Pablo, enfadado, amenaza con castigos, no deja de amar ni por un instante a esas personas a las que, como un padre, con esfuerzo y arriesgando su propia vida, ha engendrado a la fe en el Señor Jesús.

En la vida de Pablo, con todas sus limitaciones y su fragilidad, se nos ofrece la exégesis más hermosa y auténtica de este amor obstinadamente tenaz y paciente. Sin embargo, el apóstol, como vaso de arcilla, hecho, por tanto, de un material pobre y rompible, es el recipiente que lleva el tesoro incalculable de la gracia. Porque el poder de Dios se manifiesta en su debilidad. No se enorgullece de nada más que de su debilidad, porque a través de las grietas de su vida Dios muestra al mundo su obra de salvación y el poder misterioso de su cruz.

En mi vida de sacerdote (y quizá también os haya ocurrido a vosotros alguna vez) he estado muchas veces tentado de darme por vencido, de dejar los remos dentro de la barca, de convencerme de que no había nada que hacer en una determinada situación y de que no valía la pena intentarlo. Pero luego, me bastaba con mirarle a él, el Maestro crucificado, contemplar sus heridas, para disipar toda duda.

¿Habéis mirado alguna vez por el ojo de la cerradura o a través de una grieta o una hendidura en un muro? Es algo que siempre me ha fascinado e intrigado desde pequeño. Quizá porque conseguir ver al otro lado de esa separación, aunque sea solo un instante, nos da la sensación de ver, más allá de cualquier obstáculo, lo que uno se imagina o espera encontrar. Es como perforar la realidad, ir más allá de la superficie, para conseguir comprender, percibir, lo que normalmente se nos escapa porque no lo vemos.

Me pregunto entonces: ¿Qué se ve a través de los agujeros que los clavos dejaron en las manos y pies de Jesús crucificado? ¿Qué hay detrás de esas heridas? Bueno, ante todo… ¡no se ve nada! Se ve la evidente derrota de un hombre, de uno que predicó bien, pero que después tuvo un horrible final. No se ve nada más que la oscuridad de una noche negra como el carbón, la ausencia injustificada hasta de los amigos más queridos, el abandono de parte de todos e incluso de parte de ese Dios a quien él ha llamado obstinadamente «papá» hasta su último aliento.

Heridas en las manos, los pies y el costado de quien hacía «caminar los sueños». Heridas que son «agujeros negros», pozos que no reflejan la imagen de ninguna

106

luna, túnel sin iluminación que no deja ver ninguna vía de salida.

Pero ante esos agujeros creo haber comprendido algo del amor. El amor paradójico de quien fue demasiado lejos como para poder dar marcha atrás. Y que optó libremente por hacerlo. ¿Y todo esto por quién? Por todos, y por uno solo que esté dispuesto a dejarse salvar, a dejarse amar hasta el fin. Esas heridas son auténticos desgarros del corazón de Dios, de su omnipotencia clavada a la impotencia más extrema. Es la debilidad abrumadora de quien no tiene miedo a amar de verdad, a perderlo todo y a perderse a costa de amar. A través de esos «ojos de cerradura» me pareció vislumbrar, durante un instante, un rayo de luz que hizo literalmente añicos mis razonamientos y expulsó mi incurable egoísmo para que pudiera por fin dejarme amar de manera incondicional.

Desde hace tiempo esas heridas, como bocas a las que basta con acercar el oído para escuchar su voz, no han dejado de hablarme; a veces incluso me gritan para vencer mi sordera y perforar la coraza de mis inexcusables motivos. «Estoy aquí por ti. He muerto y he resucitado por ti. Habría hecho lo mismo por uno solo. Ve y haz tú lo mismo. No detengas tu vida, ofrécela. No tengas miedo de amar y de ser considerado un perdedor. Ama, porque cuando se ama nunca se pierde».

Enséñame a amar con los brazos abiertos,
de par en par, como los tuyos,
Maestro y Señor.
Enséñame que el amor solo es verdadero
cuando puede prescindir de las palabras,
cuando llega al límite
de lo posible, de lo permitido.
Más allá del bien y del mal,
de lo justo y lo injusto,
el amor, más que tratar de comprender,
abraza, derribando
toda resistencia o prejuicio.
Permíteme quedarme como tú y contigo,
Dios mío, clavado
a aquel abrazo sin retorno
que nada ni nadie
podrán cerrar jamás.
Y aunque todos tuvieran que
salir corriendo,
concédeme la gracia de permanecer,
de habitar firmemente las locuras exageradas
de este amor tuyo,
que todo lo crea, abraza y salva.

Perseverar hasta el final

En los Evangelios sinópticos, en el discurso sobre los «últimos tiempos», encontramos estas palabras de Jesús que reúnen perseverancia y salvación: «El que persevere hasta el fin se salvará» (Mc 13,13). Jesús siempre ha sido claro, desde el principio. No es fácil seguirlo, mantener su ritmo. Debemos olvidarnos de nuestras comodidades, así como de los cálculos que solemos hacer. No existen descuentos ni atajos para nadie. Lo que sí es cierto es que tendremos que lidiar con el rechazo, a menudo con la indiferencia o la hostilidad de quien (quizá más que nosotros) percibe toda la peligrosidad y el alcance del Evangelio. Y es precisamente la hostilidad frente al anuncio lo que puede llegar incluso a manifestarse en la persecución hacia su mensajero para acallar la voz que incomoda.

Perseverar en las dificultades significa hacer frente a la hostilidad y la incomprensión, por un lado, y a la desconcertante demora de Dios en intervenir, por otro. Es, pues, enfrentarse a ese mismo injustificado silencio del Padre que Jesús vive en la agonía sobre la cruz. Es

109

entonces cuando podemos preguntarnos por qué, por quién, esa muerte; pero la única respuesta se encuentra en esas dos tablas de madera en forma de cruz. Lo que es necedad para el mundo y para quien cree saberlo todo y comprenderlo todo a la manera humana, es, en cambio, sabiduría de Dios.

Don Antonio Musumeci, sacerdote de Catania, originario de Aci Sant'Antonio, fue asignado a la diócesis de Messina en 1931 y se le encomendó el cuidado de la parroquia de Santa María delle Grazie, en Sant'Alessio Siculo. Era un buen sacerdote, amigo de todos y, sobre todo, una persona atenta a los más vulnerables. Fueron años complicados en los que don Antonio, como muchos otros, vivió y afrontó la tragedia de la Segunda Guerra Mundial, con sus víctimas, su devastación y la desesperación de tanta gente reducida a la miseria.

Dado que era un gran emprendedor, se desvivió por ayudar no solo a su gente, sino también a todo aquel que acudía a él. Proporcionaba alimento y ropa a todos los que no tenían, y abrió la casa parroquial a un ciego y una pareja de ancianos que se habían quedado sin techo, al igual que a algunos niños con discapacidad que no podían desplazarse junto a los demás. Todos los que llamaban a su puerta eran recibidos y encontraban consuelo, un plato caliente y un lugar seguro en el que dormir. Incluso algunos soldados, extraviados y que huían de la inminente derrota de la guerra, encontraron refugio entre aquellos muros, que se habían convertido ya en la casa de todos.

Don Antonio habría podido marcharse, regresar a la casa de sus familiares, que le pedían que fuera con ellos, pues los bombardeos comenzaban a hacerse más frecuentes y quedarse era cada vez más peligroso. Además, muchos de sus feligreses habían huido a la vecina Casalvecchio. En la parroquia no se había quedado casi nadie, pero él decidió no marcharse, para estar cerca de esos pocos que, por la extrema situación de indigencia en la que vivían, se vieron obligados a quedarse en su pueblo. Él, como párroco, no quería privarles de su presencia y de su ministerio, y trabajando para ellos, yendo incluso en busca de algo que comer, y recorriendo largas distancias, por su propia cuenta y riesgo, a los terrenos cercanos para poder alimentarnos de alguna manera.

La mañana del 14 de agosto de 1943, víspera de la Asunción, y las pocas y confusas noticias que circulaban informaban de la retirada de las tropas alemanas y del reguero de sangre que iban dejando tras de sí. Don Antonio acababa de celebrar la misa matutina y había ido, como de costumbre, a la terraza para rezar el breviario. Fue entonces cuando oyó unos gritos que provenían de la calle, una apremiante petición de socorro: «¡Os lo ruego! Dejadnos. ¡Socorro!». Y vio a unos soldados nazis, de

111

Wehrmacht, persiguiendo a unas ancianas para agredirlas. Desde su terraza se dirigió a los soldados, gritando: «¡Dejadlas! ¡Dejadlas!». Como respuesta, aquellos soldados lanzaron una granada de mano a la terraza, que hirió a don Musumeci. No satisfechos con ello, derribaron la puerta de entrada a la casa y lanzaron otra granada dentro para sembrar el terror. Luego subieron a la terraza y vieron al sacerdote en el suelo, herido, con su sotana gastada y remendada, manchada con su propia sangre. Entonces uno de los soldados descargó violentamente todo su odio contra él, y le disparó a bocajarro dos veces en la cabeza.

Don Antonio Musumeci –párroco de Sant'Alessio Siculo durante doce años y ocho meses, fiel a su ministerio y a su gente– murió así, a los cuarenta y cuatro años. Posteriormente, el 2 de diciembre de 1945, su cuerpo fue exhumado del lugar de su sepultura y llevado en procesión a la iglesia parroquial, donde se enterró y aún hoy descansa.

Don Antonio, pastor bueno con olor a oveja, no abandonó nunca, mientras vivió, su parroquia y su gente. Y tampoco lo hizo una vez muerto. Su vida, entregada sin reservas, su perseverancia hasta el último aliento, son para nosotros una semilla arrojada al terreno. La semilla de nuevos cristianos y de una humanidad nueva.

Quiero ser semilla.

No importa cuánto viva.

Quiero ser semilla:

morir para dar a luz la vida.

Quiero ser semilla.

Me enterrarán, me arrojarán,

me desgarraré por dentro,

pero solo entonces germinaré.

Y seré vida. Vida eterna.

Aucti fiducia tui

Sin confianza no es posible perseverar, permanecer en el amor para dar fruto, como el sarmiento unido a la vid. Todos necesitamos la confianza de la persona a la que amamos y que nos ama, hasta poder sentirnos reforzados, enriquecidos, siquiera con una mirada, con un gesto o una palabra de aliento o de tranquilidad. Fue así el día que vinimos al mundo y así será hasta el último instante. Sin confianza no se puede vivir.

Para quien, como yo, ha vivido los años de formación en el Seminario Romano, la palabra «confianza» suscita, en la mente y el corazón, una reacción en cadena. Confianza es casa, refugio en los días difíciles, brazos a los que arrojarse cuando las fuerzas decaen, ojos en los que encontrar serenidad cuando arrecia la tempestad. Es un lugar físico, una capilla, una estancia similar a la «sala en el piso de arriba» (Mc 14,15) en la que dio comienzo todo. El propio Juan XXIII, como cualquier otro exalumno de ese seminario, no pudo evitar recordar –tal como indica en sus notas íntimas– aquella capillita y la tiernísima y particular imagen de María sosteniendo en brazos a su Hijo que la está señalando. Confianza equivale a decir «mamá». Quién, sino la madre, que nunca podrá dejar de confiar en sus propios hijos, de creer en ellos, aunque le tengan reservada la más inclemente de las decepciones. Es la confianza de la madre la que nos hace crecer, hasta el día en que somos llamados a alzar nuestro primer vuelo. Jamás habríamos podido creer que aquellas alas podían elevarnos hacia arriba, pero ella, nuestra madre, inspirándonos a nuestro lado con su confianza, hizo que lo consiguiéramos.

Lo que nos hace crecer, lo que nos hace verdaderamente ricos, es la confianza de quien, independientemente de todo el bien o el mal que hayamos hecho o evitado, lo cumplido o por cumplir, nuestros errores, nuestros aciertos e incluso los resultados que hemos obtenido, cree en nosotros, confía en nosotros. Es la confianza que Dios tiene en nosotros. Aunque nos hayan enseñado que la confianza hay que ganársela, Dios, sin embargo, cree siempre en nosotros y nunca dejará de hacerlo porque, sencillamente, nos ama. Perdidamente, tenazmente, más allá de nuestra respuesta, más allá de si aceptamos o no su amor.

«Aucti fiducia tui». Es lo que está escrito en el techo de aquella capilla en la que confié a María mis dudas y mis certezas, en la que lloré y me alegré y a la que regreso a dar gracias celebrando la eucaristía, como estoy a punto de hacer ahora. Tu confianza me «eleva», me hace crecer.

116

Y siento y sé que todo es posible en ti, que eres mi fuerza. Y estoy seguro de que, pase lo que pase, estarás ahí, me abrazarás completamente en tu mirada, dejarás que me eche en tus brazos y enjugarás mis lágrimas, cubrirás mis heridas y cuidarás de mí. Por eso hoy y siempre te doy las gracias, Señor, por el don inmerecido de tu confianza en mí, que soy nada, por tu aliento cercano que me dice que confías siempre en mí y que nunca dejarás de serme fiel. Y sé que antes de cualquier respuesta que te dé, tu amor me precederá siempre, dispuesto siempre a ponerme de nuevo en pie, después de cada caída.

Hermano sacerdote,

No puedo dejar de pensar en ti, en nosotros, en el trabajo y la belleza de ser sacerdotes, en la desproporción que existe entre nuestra pobreza y la grandeza de nuestra vocación.

Me gustaría también pensar en ti, pensar en nosotros, en la cotidianidad de nuestros días, lejos de la luz de las velas y del olor del incienso, mientras hacemos frente a la soledad y a la experiencia amarga del fracaso.

Siempre nos han enseñado que el sacerdote debe ser incansable, pero a menudo se confunde el celo por Dios y por nuestra gente con un mero activismo. Nos han dicho siempre que el sacerdote debe dejarse «comer» por el hambre de los hermanos, pero lo que nadie nos ha enseñado es que el sacerdote no es un superhéroe, infalible e impecable, sin mancha y sin miedo. Que el valor de un sacerdote no se mide en su éxito pastoral o en la aprobación por parte del obispo o de la gente, porque no hay nada que tenga más valor que nuestra vida en sí. Sí, hermano sacerdote, tú eres precioso ante los ojos de Dios incondicionalmente, y, aunque nadie te lo recuerde, sobre todo en los momentos difíciles, Dios no dejará nunca de repetirlo en el silencio de tu corazón.

Te llamo hermano porque también yo comparto contigo y como tú la maravillosa aventura de ser siervo de la gracia y anunciador del Evangelio. Pero sé que, con frecuencia, esta fraternidad es tan solo una hermosa palabra de la que servirse a veces para adornar nuestros discursos y que la vida y la práctica son muy diferentes. Mira, hermano no se nace, pero siempre se puede llegar a serlo. De verdad que basta con muy poco. Pequeños gestos de atención construyen una verdadera fraternidad. Un mensaje, una llamada de teléfono, quizá, en los que, a la luz de las palabras del Maestro, también tú puedas decir a tu cohermano: «Hoy quiero quedarme en tu casa». Basta con una mesa puesta y pan para compartir para que la fraternidad se haga concreta.

Y, ya mientras te escribo, el corazón no puede más que volver allí donde todo comenzó. En esa «sala en el piso de arriba», en esa noche de entregas y traiciones en la que nacimos. En aquella cena en la que se lavaron los

118

pies sucios, y entre las manos de los discípulos (que tampoco estaban limpias), Dios se entrega en un pedazo de pan. Solo de pensarlo se me estremece el corazón y me cuesta contener las lágrimas, como el día en que el obispo ungió nuestras manos para el servicio de Dios y de los hermanos.

Hermano sacerdote, me gustaría también decirte que tus lágrimas no son ajenas al corazón de Dios. Él las conoce todas y las conserva cuidadosamente en su odre, para que no se pierda ninguna. Quién sabe cuántas veces, al final de una jornada complicada, te has encontrado solo en tu habitación llorando sobre el cojín por las incomprensiones y los fracasos. Has de saber que siempre, en momentos como estos, he sentido muy cercana la presencia consoladora y maternal de María. Llámala, invócala, pídele ayuda. Arrójate en sus brazos como un niño y, entre esos brazos, hasta el mayor de los problemas disminuirá.

No me queda más que darte las gracias, hermano sacerdote. Gracias por el don que eres. Gracias porque con tu sí, cada día, me recuerdas que Dios está tan cerca que puedo tocarlo. Se ha escondido entre los pliegues de tu vida entregada, de tu humanidad herida, que, como una vasija de arcilla, lleva en su interior los más grandes tesoros: Jesucristo el Señor.

Y vuelvo a ti, Madre, como se vuelve a casa.
Allí donde el corazón reposa
y los ojos no consiguen contener la alegría.
Y vuelvo a ti, a esa mirada
que me conoce más que ninguna otra,
me ama y confía en mí,
siempre y como sea.
Y vuelvo a ti, mientras el tiempo
parece haberse detenido,
un tiempo presente que estoy llamado
a vivir, a habitar,
en el que seguir repitiendo contigo
mi «aquí estoy».
Y vuelvo a ti, porque sin confianza
no podemos vivir.
Es más necesaria que el pan,
es tan esencial para la vida como el aire.
Porque es la confianza de quien nos ama,
nos hace crecer
y nos hace capaces de un amor
que se arriesga a creer siempre,
a perseverar incluso en los días difíciles.
Y vuelvo a ti, Madre,
con los labios llenos
de la gratitud del corazón,
mientras acompaso mi voz
a tu propio cántico de alabanza.
Y vuelvo a ti, una vez más, siempre.
Tu confianza es mi casa.
Mater mea, fiducia mea!

Perfecta alegría

¿Se pueden considerar las dificultades, las contrariedades de la vida, como un motivo de alegría? Por supuesto
que no. No somos masoquistas y, sin duda, no vamos en
busca de problemas o sufrimientos. Sería de locos. Dios
nos quiere felices y desea que no nos conformemos con
alegrías a corto plazo, superficiales y pasajeras. Hay que
ponerse en camino, tener el valor del primer paso y ser
tan locos como para renunciar a comodidades y seguridad-
des, porque la alegría suele esconderse allí donde jamás
iríamos a buscarla. En los lugares o situaciones menos
pensados. Como un fruto delicioso que tiene una cáscara
difícil de romper, o como un paisaje espectacular que nos
espera después de haber ascendido mucho, con esfuerzo,
hasta llegar a la cima.

«Hermanos míos, tened como suprema alegría las
diversas pruebas a que podéis ser sometidos, sabiendo
que la fe probada produce la constancia» (Sant 1,2-3).
Así se dirige Santiago a los judíos de la diáspora creyen-
tes en Cristo. Una invitación a la alegría que nace de la
aceptación de la prueba y de atravesarla como ocasión de

crecimiento y maduración, a la luz de la fe pascual. Una invitación a convertirse a la alegría que nace de saber que no estamos solos, a merced de las tempestades de la vida, sino acompañados y sostenidos por Aquel que no nos exime de las dificultades, pero que las comparte con nosotros, hasta el fondo.

Las tempestades son inevitables. Llegan, a menudo de improviso, y nos abaten. Nos desafían, nos hacen sentir miedo de no lograrlo, el esfuerzo de mantenernos en pie. Y te encuentras temblando, porque no sabes qué hacer. Las tempestades llegan. Y no importa lo fuertes que seamos, y no sirve de nada resistir solos contra todo y contra todos. Las tempestades llegan y no debemos solo esperar que pasen enseguida, sino también que no pasen en vano. Porque siempre, tras la borrasca, cuando regresa la calma, el mar devuelve a la orilla algún tesoro y hay que estar ahí, preparados para recogerlo. Las tempestades llegan, y el único modo de atravesarlas, de mantenernos dentro, es saber que no estamos solos, tener una mano que nos sujeta firmemente y nos da seguridad. Es anclar el corazón en la certeza de que Dios está con nosotros, en la tempestad, pero es también el Señor a quien el mar y el viento obedecen.

Lo sabía bien Francisco de Asís, para quien la «perfecta alegría» era algo serio, una manera auténtica de estar en el mundo, de habitar la cotidianidad con alegría y «liviandad»; sin dejarse aplastar por el peso de los problemas, sin huir de las contrariedades, sino viviéndolas como una ocasión que no hay que desaprovechar. Para Francisco, la «perfecta alegría» no está en la dificultad en sí –esto sería de masoquistas–, sino más bien en atravesarlas de manera creativa, como quien sabe aprovechar incluso los vientos contrarios para llegar a puerto.

La paciencia en las dificultades se convierte, así, en expresión de un amor que no se resigna, que es tenaz y creativo como el amor de Dios. Solo quien ha experimentado este amor, quien sabe que es amado siempre y en toda circunstancia, se arriesga a «estar» en las dificultades sin desesperar, a vivir las contrariedades sin por ello perder la serenidad. Como cuando la tempestad arrecia y la superficie del mar está encrespada por las olas, pero en las profundidades abisales el mar está en calma. Podemos ser felices aun estando cansados y hambrientos; podemos serlo incluso ante lo que parece estar impidiendo nuestra felicidad con su injusticia. Paradójicamente, podemos ser felices bajo los golpes del «bastón nudoso» *(Fuentes franciscanas* 1836). Podemos serlo «dentro», aunque a nuestro alrededor arrecie la tempestad, aunque el dolor nos haya minado profundamente, dejándonos moratones y heridas.

«Hermano León, [...] escribe –dijo– cuál es la verdadera alegría» [...] «Vuelvo de Perusa y en una noche profunda llegó aquí, y es el tiempo de un invierno de lodos y tan frío, que se forman canelones del agua fría congelada en las extremidades de la túnica, y hieren continuamente las piernas, y mana sangre de tales heridas. Y todo envuelto en lodo y frío y hielo, llego a la puerta, y, después de haber golpeado y llamado por largo tiempo, viene el hermano y pregunta: "¿Quién es?". Yo respondo: "El hermano Francisco". Y él dice: "Vete; no es hora decente de andar de camino; no entrarás". E insistiendo yo de nuevo, me responde: "Vete, tú eres un simple y un ignorante; ya no puedes venir con nosotros; nosotros somos tantos y tales, que no te necesitamos". Y yo de nuevo estoy de pie en la puerta y digo: "Por amor de Dios, recogedme esta noche". Y él responde: "No lo haré. Vete al lugar de los Crucíferos y pide allí". Te digo que, si hubiere tenido paciencia y no me hubiere alterado, que en esto está la verdadera alegría y la verdadera virtud y la salvación del alma».

(Fuentes franciscanas 278)

Paciente no es el que está debajo y sufre pasivamente, sino más bien quien, aun doblegado, no se deja destruir, quien persevera sabiéndose amado. Pero ¿qué es lo que más nos asusta de la prueba? Creo que es precisamente la capacidad que tiene el dolor de desnudarnos, de dejarnos expuestos y vulnerables en nuestra fragilidad. Y por eso, al querer oponernos a toda costa al miedo, nos

124

volvemos agresivos, violentos, convencidos de que atacar primero es siempre mejor que recibir el golpe. Pero no estamos llamados a obtener la victoria con la fuerza, con la violencia, con estrategias y medios que consideramos eficaces para superar la prueba y dominarla. Paciente y perseverante es quien hace todo como si dependiese de él, pero siempre confiado, siendo serenamente consciente de que la victoria pertenece al Señor.

La actitud contraria a la paciencia es, en cambio, según el autor sagrado, la del rico que cree poder tenerlo todo y tenerlo ya, que no sabe esperar ni ve la utilidad de la espera, que tiene como objetivo el éxito inmediato, obtenido con el mínimo esfuerzo, y que está dispuesto a todo para alcanzar su objetivo. Obviamente el rico no puede aceptar sufrir (cf Sant 5,5) y cree poder poner remedio incluso al sufrimiento con el dinero, convencido de que la riqueza puede comprarlo todo, incluso a las personas. Esto es un gran engaño, y tiene el tiempo contado porque, sí, el Señor está cerca, «el juez está a las puertas» (Sant 5,9). Por ello, no conviene juzgar a nadie, ni acusarnos mutuamente del mal sufrido para no ser juzgados. En lugar de quejarse del hermano, el creyente está llamado a ejercer la misericordia de la cual es deudor ante Dios y a mostrar su fe en la paciencia hacia los demás, como hace el Señor con nosotros.

Porque nuestra paciencia no puede más que ser una respuesta, o al menos un intento de restituir la paciencia que Dios tiene con nosotros, su espera sin forzar ni acelerar el ritmo. Paciencia y espera son horizontes comunes del ser humano y de Dios. La exhortación a ser pacientes hasta la venida del Señor, a su retorno glorioso al final de los tiempos, lleva consigo, por tanto, el compromiso de velar para estar listos y de orar infatigablemente porque no sabemos ni el día ni la hora. Pero ser pacientes significa también no tener prisa, como Dios, que deja crecer juntos trigo y cizaña, y al siervo que sugiere extirpar las malas hierbas le responde que no es el momento porque el trigo aún no está maduro (cf Mt 13,24-30). Como el agricultor que, después de haber hecho todo lo que estaba en su mano, espera que llegue la lluvia –que no depende de él– para que la tierra dé su fruto.

Hay, pues, que fortalecer el corazón para ir al encuentro de Aquel que ya está caminando hacia nosotros. El Señor está cerca, está a las puertas. Y aunque esta cercanía no pueda entenderse necesariamente en sentido temporal, es cierto, es real que él viene a restablecer la suerte de cuantos sufren con paciencia y perseveran en la fe.

Como ejemplo de paciencia, el autor sagrado indica a los profetas y a Job. Los primeros permanecieron fieles, sin desfallecer en su vocación y misión, aunque se enfrentaron a la hostilidad y la persecución, con vistas

126

a la dicha prometida. Job, considerado ejemplo proverbial de paciencia por antonomasia, aparece, en cambio,
como un ejemplo «problemático». Porque después de
haber declarado «El Señor me lo había dado, el Señor
me lo ha quitado» (Job 1,21), durante los siguientes
cuarenta capítulos no deja de protestar contra Dios. Entonces, ¿Job es paciente o no? La paciencia no es soportar el sufrimiento sin lamentarse, inclinarse sin discutir
ante lo que consideramos que es decisión de Dios, sino
más bien dialogar con Dios, enfrentarse a él, si es necesario, decir al Señor lo que pensamos que es justo, pero
también aceptar que él nos muestre los límites de nuestra interpretación. En la escuela de la paciencia apren-
deremos a ser auténticos, sin máscaras, y a darnos y a
dar, siempre, otra posibilidad.

Todos necesitamos otras manos,
porque, por mucho que nos hayan inculcado
que hemos de creer lo contrario,
nunca nos bastaremos a nosotros mismos.
Necesitamos a quien,
sin demasiado ruido,
sepa acercarse a nosotros
y colmar de caricias nuestra tierra árida,
reseca de sed de ternura
que nos habita desde siempre
y que, con demasiada frecuencia, ignoramos.

Necesitamos quien colme
de misericordia nuestras heridas,
los errores y el errar,
sin juzgar, sin la prisa
por establecer agravios o razones.
Necesitamos quien nos abrace
y llene de calor
el frío de nuestras soledades,
todas las ausencias de amor,
todas las nostalgias de acogida.
Necesitamos quien nos agarre, nos lleve;
quien no tenga miedo de ocuparse de nosotros,
quien crea, con nosotros y por nosotros,
y quizá más que nosotros,
que podemos curarnos,
que hoy es tiempo de renacer.

Nunca sin el otro

«Yo, Juan, vuestro hermano y vuestro compañero en el sufrimiento, en el reino y en la constancia, en Jesús» (Ap 1,9). Así se presenta el autor del libro del Apocalipsis, como un hermano y un compañero. Y no hay título que valga ante estas dos sencillas palabras, esenciales y revolucionarias. En un mundo de «hijos únicos» como el nuestro, es peligrosamente diferente quien, aun no compartiendo vínculos de parentesco, se nos acerca para recordarnos, con su presencia, que no estamos solos. Hermano en humanidad y en la fe, compañero y sostén en las dificultades del camino y en la duración de la prueba. Alguien que, como nosotros y con nosotros, no se resigna al mal, sino que se atreve a resistir, a avanzar «en dirección pertinaz y contraria», esparciendo a lo largo del camino gestos de atención y amabilidad. Los destinatarios del escrito son las siete Iglesias de Asia Menor, que están atravesando una situación de dificultad y de grandes pruebas.

El objetivo de quien lo escribe es despertar al lector del aletargamiento de la resignación y de la inmovilidad de la costumbre, sostener y consolar a quienes están desconsolados por la prolongación de sus dificultades y pruebas y por el injustificado retraso de Dios para intervenir en su favor. El mismo término «apocalipsis», que significa precisamente «revelación», engloba precisamente el sentido de este escrito: revelar, reiterar con fuerza que, aunque en el mundo el mal parezca prevalecer siempre sobre el bien, Dios ya ha vencido por nosotros en su Hijo crucificado y resucitado.

Y nosotros no estamos solos para enfrentarnos a las dificultades y reveses de la vida. Hemos recibido como don una multitud de hermanos, de compañeros, que comparten con nosotros las mismas expectativas y esperanzas, el mismo esfuerzo y la misma paciencia para volver a levantarnos y comenzar de nuevo después de cada caída. Es lo bello de ser humanos y la fuerza que nos viene de estar juntos. Sí, la revelación también reside en esto: no estamos solos, el otro –que tiene el nombre de Dios o de otro ser humano– es nuestra salvación. Nunca sin el otro. Porque sabernos juntos, pensarnos y comprendernos como un cuerpo y no como bateadores libres o espadachines solitarios es lo que nos da fuerzas para no rendirnos ni siquiera en los días de aparente derrota.

Y en este estar «juntos», en el ejercitarnos unos junto a los otros, unos por los otros, es donde es posible vencer el desánimo y sentir menos el cansancio, sobre todo cuando no vemos el horizonte, y la oscuridad de la prueba parece no tener fin.

Es verdad que el mundo hace lo imposible por convencernos de lo contrario y demostrarnos que solos vamos más rápido y llegamos más alto, que solo quien está dispuesto a todo alcanza sus objetivos. Pero solo juntos llegamos a la meta, de modo que estar juntos es precisamente la mayor victoria.

En las dificultades, en las tribulaciones, así como en la experiencia inclemente del fracaso o del pecado, no debemos nunca ceder a la tentación del aislamiento, convencidos de que nadie nos comprende o de que no merecemos el perdón. El juego del Maligno es siempre el mismo: antes nos engaña, alejándonos y separándonos a los unos de los otros, convenciéndonos de que no necesitamos a nadie; y luego, después de habernos aislado, no hace más que engañarnos y arrojarnos a la desolación y a la desesperación, y nos encontramos como ante una puerta cerrada y sin salida.

De ahí que, después de las siete cartas a las siete Iglesias de Asia Menor, el autor, en el capítulo 4, hace preceder la visión del «trono» de Dios a la de «una puerta abierta en el cielo» (Ap 4,1).

Creo que no hay una imagen más hermosa y más concreta de Dios que esta puerta abierta de par en par. A pesar

131

de todas las formas de cerrazón y de separación, Dios es una puerta abierta. Siempre, invariablemente. Para todos.

Pensemos en cuántas veces, por la angustia y el miedo de volver a quedar decepcionados y ser traicionados, nos hemos cerrado en nosotros mismos. Pensemos en cuántas puertas cerradas hay en este mundo nuestro, cerradas al diálogo, que es lo único que puede sanar los conflictos y edificar la paz. En las fronteras de los países, que con frecuencia permanecen cerradas a tantos migrantes que cruzan la tierra y el mar y apelan a nuestra humanidad. En las formas de cierre y prejuicio que dividen a las personas y en ocasiones incluso a la Iglesia. En las puertas cerradas al debate y a la escucha recíproca en las familias y en nuestra comunidad.

Esa puerta abierta en el cielo es señal de un Dios que no se resigna a la soledad, que no se concibe a sí mismo y su santidad como una separación. Un Dios comunión, un Dios enamorado de su criatura que nunca se avergüenza de sentir necesidad o nostalgia. Un Dios que no pide nada más que un resquicio, un paso, un gesto de disponibilidad y de apertura por nuestra parte para dejarnos amar por él. Un Dios que nos espera siempre y confía en nosotros, incluso cuando nos alejamos dándole la espalda.

Esa puerta abierta en el cielo, abierta para todos, sin que nadie pueda cerrarla, es la respuesta más hermosa y más abrumadora a todo lo que separa e impide ir más allá, encontrar, comunicar. En muchas ocasiones, para decirle a alguien que ya no queremos hablar con él o para poner fin a una relación, utilizamos expresiones como: «Hay un muro entre nosotros». O, cuando vivimos un nuevo rechazo, decimos: «Aquí tenemos otra puerta cerrada». Necesitamos una puerta, una apertura para salir de nuestros cierres y de nuestra incomunicación. Una puerta abierta por la que pasar, que conecte el interior y el exterior. Una puerta por la que entrar, pero también por la que salir, libremente, sin forzar a nadie.

Por eso me encantan las puertas abiertas, porque acogen sin retener, porque son llegada y salida para todos. Me encantan las puertas abiertas porque no juzgan ni consideran las deficiencias o recriminaciones, no piden cuentas ni de las partidas precipitadas ni de los distanciamientos injustificados. Me encantan las puertas abiertas, las puertas de Dios, porque están siempre dispuestas a acoger a todos y siempre, sin distinción alguna. Porque los pies no tienen religión ni doctrina, sino solo camino recorrido y cansancio que espera ser escuchado y aliviado.

Gracias porque me motivas siempre
a amar con la puerta abierta,
a no quedar prisionero del miedo,
de los prejuicios y los fracasos
que paralizan el corazón
e impiden que el futuro me sorprenda.
Gracias porque, infatigable y obstinado,
te inclinas con ternura inmensa
sobre mis torpes intentos de amar
y recibes todo arrebato de fidelidad,
toda semilla de esperanza,
todo centelleo luminoso,
haciéndome señal de eternidad,
promesa de cumplimiento,
espacio infinito de redención,
inmerecida, a la que jamás podré acostumbrarme.

Un poco más
y el que ha de venir llegará

Falta un poquito aún… Recuerdo cuando, de niños, mi padre nos llevaba al campo y, debido a la euforia y el entusiasmo, mi hermano y yo no hacíamos más que preguntarle: «Papá, ¿cuándo llegamos?». Mi padre, entonces, respondía de inmediato: «Aún no, falta un poquito…». Nunca supe a qué equivalía, en términos de tiempo, aquella expresión. Podían ser horas o unos minutos, pero era un tiempo bellísimo y relajado, y mi padre nos enseñaba a vivirlo al máximo, hablándonos, durante el camino, de las diferentes especies de plantas y animales. Y nosotros, con la nariz pegada a la ventanilla del coche, veíamos cómo se materializaban ante nuestros ojos sus palabras. Era como si nos prestase sus ojos para mirar el mundo, o puede que fuéramos nosotros quienes le hacíamos volverse como un niño, con nuestra inocencia y nuestras numerosas preguntas. Me parece que no le disgustaba… al contrario. De él aprendí que las cosas y las personas cambian dependiendo de cómo se las mire. Lo único que hace falta es no tener prisa, no dejarse distraer, porque a quien tiene los ojos y el corazón abiertos le están reservadas las sorpresas más hermosas.

El autor de la Carta a los hebreos, en la última parte de su escrito, en el capítulo 10, exhorta a la comunidad a caminar en la fe con constancia y perseverancia, cuidando unos de otros y alentándose unos a otros a hacer el bien, mientras esperan el regreso glorioso del Señor. En esta perspectiva, entre espera y cumplimiento, es donde se desarrolla la vida del cristiano, que está llamado a vivir por la fe, seguro de que «el que ha de venir llegará» (Heb 10,37). Pero cuándo ocurrirá esto, o a qué corresponde, en términos de tiempo, ese «poquito que aún falta», no nos es permitido saberlo. Además, ni siquiera el Hijo lo sabe, sino solo el Padre (cf Mt 24,36). Lo que sí es cierto es que el Señor viene y que este, y no otro, es nuestro tiempo. Un tiempo que vivir de lleno, en el que comprometernos sin postergarlo más, en el que ser felices y hacer felices a los demás, en el que amarnos y amar.

Porque en realidad el tiempo no está únicamente acompasado por el paso de los días y las horas, sino que es más bien cuestión de latidos y de instantes que nos cortan la respiración, de ocasiones no desaprovechadas, de encuentros y desencuentros que nos han llevado a ser quienes somos.

Recuerdo haber leído que el padre Pino Puglisi tenía un sentido del tiempo muy particular, decididamente «atemporal». De él se cuenta que siempre llegaba tarde, y por ello –para evitar dudas– solía decir: «Bueno, la cita es a las 9, pero si para las 10 no he llegado, podéis iros a las 11». En su casa tenía colgado un reloj sin manillas, para recordar que cada segundo de su tiempo estaba a disposición de los demás. Cada segundo es tiempo para amar, toda ocasión es siempre ocasión de amor. Porque el amor no conoce el tiempo del reloj, sino el del corazón. No se conforma con estar confinado en nuestras agendas, repletas de cosas que hacer, dentro de nuestros esquemas. Estamos distraídos porque vivimos en la superficie, nos preocupamos de la exterioridad más que de lo que habita en nuestro interior, somos prisioneros de muchas cosas, pero perdemos de vista lo esencial.

«Miremos los unos por los otros», exhorta el autor de la Carta a los hebreos (10,24), porque no hay nada más importante que prestarnos atención. Atención es el nombre mismo del amor, y su antónimo no es el odio, sino la indiferencia, la falta de atención. Quien no está atento hace una cosa y piensa en otra, tiene delante a una persona y es incapaz de percatarse de ella. La ve, sí, pero en realidad no la mira. El riesgo de quien está distraído es que se pierde el presente, mientras quizá se enreda entre los fracasos y las reivindicaciones del pasado, la angustia y la preocupación por el futuro. Y sin embargo hay tanta riqueza en una mirada, en una palabra, en un silencio quizá compartido mientras el cielo se tiñe de los colores del atardecer. ¡Cuánta riqueza de dones desaprovechados o, peor todavía, ignorados, dentro de nosotros y a nuestro lado! ¡Cuánta belleza pasa, además, desapercibida ante nuestros ojos adormecidos en la rutina y anestesiados por las pantallas de nuestros *smartphones*!

Quien espera hace todo lo posible por captar los signos que la espera disemina a su paso, aguza el oído para que no se le escape ni una sola sílaba y se ejercita en reconocer esa voz entre millones de otras voces. Es verdad que habrá momentos, y quizá ahora también los haya, en que supondrá un esfuerzo esperar, estar atentos. Habrá momentos, y quizá ahora también los haya, en que nos parecerá que hemos agotado la paciencia o que ya no merece la pena esperar; situaciones en las que nuestro dolor gritará más fuerte que cualquier otra voz y nos parecerá haber perdido el tiempo. Pero también estos momentos son necesarios para recordarnos que lo importante es no dejarnos apagar por nada ni por nadie. Arder, permanecer encendidos y luminosos, también para quien no puede hacerlo ya, para quien ha dejado de creer. No importa lo larga que sea la espera ni si, mientras tanto, nos dejamos vencer por el sueño más que por velar. Lo que importa es que no se acabe el aceite del deseo, el deseo del encuentro con el otro (cf Mt 25,1-13). La esperanza nace precisamente de este cruce de caminos, de manos, de rostros, de deseos y de sueños: los nuestros y los de Dios.

Necesitamos al otro, a Dios, como la aguja necesita el hilo. Por sí sola, una aguja solo puede perforar y alejar, pero basta la compañía de un hilo para que pueda coser, unir, bordar algo que antes no existía. Hoy nos corresponde a nosotros el compromiso de estar atentos los unos a los otros, alentándonos y sosteniéndonos mutuamente. Es el tiempo de los sueños sembrados, de los pasos compartidos, de los gestos concretos. Es el tiempo de la espera. Es el tiempo de la paciencia. Es el tiempo de la custodia. Es el tiempo del cuidado y la atención hacia el otro. Es el tiempo del amor, nuestro tiempo. Juntos, como aguja e hilo.

> Es tiempo de reemprender el camino
> y de atravesar el desierto
> para que nadie esté yermo en el corazón.
> Es tiempo de redescubrir
> que la única meta es estar «juntos»:
> nunca sin el otro.
> Es tiempo de vivir, no ya para nosotros mismos,
> enfrascados en nuestros asuntos,
> prisioneros del miedo y del egoísmo,
> anestesiados a los dolores del mundo.

Es tiempo de mirar más allá, a lo lejos,
atentos a quien camina a nuestro lado,
dispuestos a curar toda herida
con la caricia de una mirada.
Es tiempo de plantar árboles, de construir caminos
y de ensanchar los espacios del corazón
a la medida del arco iris
que une cielo y tierra en un abrazo.
Es tiempo de cantar,
porque solo quien ama canta.
Porque cantar nos ayuda
a vencer las desconfianzas
y a que se nos haga menos duro el camino.
Es tiempo de atreverse,
de creer en nosotros obstinadamente,
de liberar, desenterrar la luz y la alegría
que llevamos dentro,
para que se contagien y se difundan por todas partes.
Es el tiempo de la posibilidad, nuestro tiempo.

La esperanza no defrauda

¿Qué es la esperanza? «Todos esperan. En el corazón de toda persona anida la esperanza como deseo y expectativa del bien, aun ignorando lo que traerá consigo el mañana» *(Spes not confundit* 1). Muchos hablan de esperanza, pero la mayoría de las veces la reducen a un concepto abstracto, la privan de esa realidad concreta que la caracteriza. Percibimos la exigencia de la esperanza sobre todo cuando la noche parece más larga que cualquier día, cuando las dificultades y sufrimientos derrumban y hacen añicos nuestras frágiles certezas. Pero basta con mover los escombros, abrirse un camino, una brecha en medio de lo que queda cuando todo se desmorona, para descubrir que el cielo siempre ha estado ahí, incluso cuando nosotros estábamos bajo aquel manto de ruinas, respirando únicamente el polvo del fracaso. Esto es la esperanza: basta con mover los escombros para volver a ver el cielo.

¿Y si todo fuese un engaño? ¿Y si tuviesen razón los que dicen «Quien de esperanza vive de hambre muere»? Pablo, en la Carta los romanos, capítulo 5, llega a decir que en la esperanza podemos incluso enorgullecernos, y da un vuelco y un nombre a esta esperanza, nos ofrece las coordenadas exactas para encontrarla y reconocerla entre miles de otras esperanzas ilusorias. Sí, la esperanza de la que habla Pablo es la única que no defrauda, y, más literalmente, la única que «no nos hace sentir avergonzados» por haber confiado en ella y nos permite, además, enorgullecernos de ella.

La esperanza es la cruz de Cristo, elevada entre cielo y tierra. Incómoda y escandalosa, no solo por quien sobre el madero sufre y muere por los inocentes, sino también por el mundo que se indigna ante un Dios hecho jirones, que no se defiende, que no desciende de esa cruz, arriesgándose a parecer un fracasado más de la historia. La esperanza, nuestra esperanza, es un Dios que muere amando y perdonando, libre en su sacrificio porque nadie podrá arrancarlo de ese abrazo tan radical y definitivo. La esperanza tiene el rostro de un amor demasiado grande para ser contenido, retenido. «El amor de Dios ha sido derramado en nuestros corazones por medio del Espíritu Santo que nos ha dado» (Rom 5,5).

¿Cómo no enorgullecerse de este don inmerecido, gratuito e inconmensurable por parte de Dios, que, en el momento decisivo de la historia, en lugar de su ira, infundió al mundo su propio amor, haciendo nuevas todas las cosas?, ¿que nos hizo «capaces» de este amor derramándolo en nuestros corazones a través del Espíritu, para que también nosotros pudiésemos amar en él y como él a todo ser humano?

Nuestra esperanza es una cruz que permanece vacía, después de tres días de agonía. Es la espera silenciosa del amanecer mientras nuestra tupida noche no pretende ceder su puesto a la luz. Es lo que queda cuando la losa de piedra rodada en la entrada del sepulcro parece decirnos que ya no hay nada que hacer, nada que esperar ni camino que emprender. La esperanza es una cruz desnuda, es un cuerpo entregado a la tierra con excesiva prisa. Es el tiempo del amor, inútil y testarudo, que permanece junto a quien no tiene nada más que un sueño ahora reducido a cenizas. Pero las brasas bajo las cenizas siguen siendo fuego, y basta con que alguien, con una ramita, remueva las cenizas para que el fuego se reavive.

Esto es, pues, lo que estamos llamados a hacer, querido Lucas. Tenemos el deber de mantener encendida la esperanza, de esperar por el mundo, que se cree fuerte y autosuficiente, pero que es solo un niño caprichoso que sigue teniendo aún miedo a la oscuridad. Esperar juntos más allá de la desesperación, más allá de cualquier sabotaje por parte de tantos profetas de desventuras que se aprovechan del miedo y del dolor de la gente para conseguir prosélitos. Nos hace realmente falta un amor grande y una esperanza insensata para creer que un sepulcro puede abrirse y estallar de vida. Hay que creer juntos en

143

la resurrección, hacerla visible a través de nuestra vida, dando a todos razón de la esperanza que nos habita (cf 1Pe 3,15).

Es tiempo de liberar la esperanza que tenemos dentro y que, con frecuencia, permanece sepultada bajo los escombros de una vida. Esa esperanza que nos habita, aunque la mayor parte de las veces nos olvidemos de ella. Ese fuego que anida bajo las cenizas y, en lugar de despertarlo, nos empeñamos en maldecir la oscuridad. Esa esperanza que permanece enmarañada en los ovillos de nuestro miedo a no ser suficientes, a fracasar de nuevo. Esa esperanza que presiona para salir, como una semilla. Se esfuerza por abrirse camino precisamente allí donde nosotros solo somos capaces de ver heridas y carencias. Es tiempo de volver a enamorarnos, de dejarnos seducir por la belleza, para que vuelva a hablarnos y haga que nos arda el corazón. Es tiempo de transfiguración, de dejarnos deslumbrar por la luz y abrumar por el asombro. De detenernos y quedarnos en el umbral del misterio. De volver a emocionarnos ante un rostro, una mirada, una sonrisa. Y habitarlo y dejarnos habitar por él, llevarlo con nosotros como pan para el camino. Porque la esperanza va a pie, avanza sobre nuestros pies y se abre camino a través de los obstáculos, más allá de lo permitido. Como los niños, los enamorados y los locos, que no conocen el significado de la palabra «imposible». Y no se les puede detener.

Siempre y en todas partes construye puentes,
y no muros.
Vive con los brazos abiertos, aunque todo,
a tu alrededor, los cierre,
apretando los puños y rechinando los dientes.
Apuesta por el otro y no permitas nunca
que nadie te arrebate
la fe y la esperanza en el ser humano.
Haz obstinadamente gestos
de gratuidad y de amabilidad,
aunque a tu alrededor solo haya
hostilidad e indiferencia.
No dejes jamás de sonreír en tu interior,
porque, aunque la vida te tuviese reservados
solo problemas y desilusiones,
no debes cansarte de cultivar,
en lo secreto de tu corazón, la verdadera alegría.
Y aunque sean pocos los que te aprecien,
tú emplea palabras buenas, sobre todo para quien
no sabrá ni podrá corresponder a ellas.
Disemina por todas partes la belleza sin medida,
sin reservas, corriendo el riesgo
de no ser comprendido,
porque es belleza
lo que el mundo necesita para salvarse.
La esperanza es temeraria,
no tiene miedo de arriesgarlo todo.
La esperanza está loca,
no tiene miedo de perder.

La esperanza es obstinada, se atreve a desafiar incluso la evidencia de la muerte.
La esperanza es Dios mismo que muere
y resucita por todos, para que cada uno
tenga vida en abundancia, vida eterna.

A cada día su bendición

Querido Lucas,

Hemos llegado al fin de este viaje y no puedo más que darte las gracias, porque has tenido la paciencia de estar a mi lado y seguirme. Mientras las palabras se abrían camino en las páginas blancas, imaginé muchas veces tu mirada y la expresión que se iría dibujando en tu rostro durante su lectura. Y tampoco ahora puedo dejar de pensarte a mi lado, mientras el sol se va a dormir, hundiéndose entre las aguas de un mar terso y cristalino, del que surgen poderosos picos rocosos, cubiertos de vegetación por todas partes. Existe de verdad un lugar así, a poca distancia de mi casa. Un lugar en el que he visto a diferentes personas encontrarse, como si se hubiesen citado al borde de un acantilado de piedra sobre el mar. Se quedaban parados allí, con los ojos llenos de asombro, emocionándose ante el atardecer. Los más «tecnológicos», pertrechados con su cámara de fotos o con la cámara del móvil, trataban de capturar un fragmento de belleza, esa sensación de vastedad que te deja sin respiración y dibuja en tu rostro la curva de una sonrisa.

Pero no hay nada que hacer: los atardeceres nunca son iguales unos a otros. No puede aplicarse la regla de que, visto uno, vistos todos. Por mucho que nos esforcemos por plasmar en una foto la difuminación de los colores, nunca harán justicia a ese espectáculo que tenemos ante nuestros ojos en ese instante. Los atardeceres hacen ruborizarse al cielo con esa maravilla que desconcierta porque es excesiva, incontenible, exagerada. Y entre tanto las manos se entrelazan hasta estrecharte, y los rostros se acercan y se encuentran en la geografía de un beso. Recuerdo los atardeceres de mi infancia, aquellos tan hermosos desde la azotea de casa o a la orilla del mar en las tardes de verano; aquellos a los que regreso con nostalgia, pensando en todos los que habitan ya este cielo para siempre.

Siempre me han gustado los atardeceres que consiguen hacer espectacular el fin de nuestra jornada, incluso la peor de todas, y que nos recuerdan que estamos hechos para cosas «inútiles» como la belleza. «Inútil», es decir, sin utilidad, porque la belleza no tiene precio: no se la puede comprar, su valor es incalculable. Solo podemos dejarnos abrumar por ella, beber de ella a grandes sorbos hasta embriagarnos.

Y me gusta la gente que todavía se detiene y se asombra ante un atardecer, con lentitud, tomándose todo el tiempo necesario para hacerlo; que no se sacia jamás de belleza y no se resigna a la mediocridad. Me gusta quien nos hace sentir como en casa con poco, quien nos espera alimentando el fuego de la chimenea y preparándonos un lugar en la mesa, aunque sabe que tardaremos en llegar. Quien hace que te encuentres flores en la mesa y dulces para el postre, porque no sirven para llenar el estómago, pero te hacen sentir esperado y deseado.

Me gusta quien alimenta la esperanza del mundo sembrando amabilidad y atención, a diestro y siniestro, sin escatimar esfuerzos. Quien, después de una dura jornada de trabajo se echa al suelo para jugar con sus hijos. Me gustan quienes ocultan con dignidad su propio sufrimiento y que, cuando les hablamos de nuestros problemas, nos escuchan de verdad, sin ese aire de «¡Ah, pues si supieses lo mal que estoy yo…!». Quienes hacen el bien sin decírselo a nadie y sin esperar nada a cambio. Quienes elevan su voz contra la injusticia y no temen comprometerse, pagando siempre la cuenta de su bolsillo. Quienes optan por la mansedumbre y creen en las segundas oportunidades, aun a costa de parecer estúpidos. Quienes apuestan por las periferias, por los descartados de la sociedad, por los que han sido dejados de lado y marginados, y llevan sus sufrimientos, literalmente, «a golpe» de poesía, de arte, de belleza, de Evangelio. Quienes no se resignan a la mediocridad y a la indiferencia, sino que tienen el valor de creer en el ser humano, de soñar, de amar a lo grande, como Jesús.

Ellos son la esperanza del mundo y la esperanza misma de Dios.

Espero que aprendas a bendecir
cada día y cada situación.
Que empieces a bailar bajo la lluvia
en vez de esperar que deje de llover.
Que encuentres caminos y traces senderos,
allí donde los demás solo ven
obstáculos insalvables.
Que reacciones y mires a tu alrededor,
sin dejarte abatir por los fracasos,
sin olvidar nunca la maravilla que eres.
Que no te avergüences del cansancio,
porque te recuerda quién eres
y te obliga a parar para recuperar el aliento.
Bendícelo y agradécelo, más bien.
Y no maldigas los vientos en contra,
aprovéchalos,
para alcanzar tu meta.
Y no te maldigas ni maldigas tu vida,
porque eres una bendición,
porque siempre hay una bendición
oculta en cada herida.
Abre tus brazos como alas
y deja que el viento te impulse hacia adelante.
Eres la esperanza del mundo
y de Dios.

Índice

Como viajeros y peregrinos.. 7

Las palabras olvidadas... 13

Este tiempo nuestro.. 19

Paciencia y perseverancia:
dos rostros para una única esperanza..................... 27

Eres paciencia.. 33

Dios sabe esperar... 41

Cuando florece el almendro... 47

Siempre se puede comenzar de nuevo.......................... 55

Impaciencia humana
y paciencia de Dios... 61

Un Dios «paciente» de nuestros dolores...................... 67

¿Por qué me has abandonado?..................................... 75

Lo importante es estar... 83

Perseverar unidos… 89

Fruto del Espíritu
es la grandeza de espíritu....................................... 99

El amor es paciente.. 103

Perseverar hasta el final.. 109

Aucti fiducia tui... 115

Perfecta alegría.. 121

Nunca sin el otro.. 129

Un poco más y el que ha de venir llegará.................... 135

La esperanza no defrauda.. 141

A cada día su bendición... 147